ganさんが遡行《ゆく》
北海道の沢登り
gan-san
岩村 和彦―著
IWAMURA KAZUHIKO
共同文化社

表紙揮毫　長谷川薫子

ｇａｎさんが遡行《ゆく》 北海道の沢登り　目次

道央・積丹・増毛・樺戸山塊の沢

日高の沢

道南・道東・中央高地の沢

コラム――山の幸、川の幸

ganさん、沢にはまる

晩秋の遡行の何と味わいのあることか（ニオベツ川）

山は嫌いではなかったがきっかけがなかった。

東京での学生時代、同居していた姉の誘いで尾瀬沼から至仏山に登ったのが始まりだったと思う。大学のワンダーフォーゲル部に入っていた姉の後に付いて、のんびりと歩いた尾瀬ヶ原の佇まいが気に入り、その後も一度だけ友人を連れて尾瀬を歩いた。

社会人になってからは、たまの休日に恵庭岳や夕張岳などの夏山に登る。転勤で札幌に住んでからは、知り合ったF戸さんが主宰するグループに連れられて行く。大雪や知床などの山にも足を延ばしたが、登山道のある山がほとんどだ。

二十数年前の夏の夜、札幌の雑炊屋『春帆』で呑んでいた。マラソンが趣味だった職場の先輩が「イワムラ、おまえ１０㎞なんて走れないだろう」と挑発してきた。酒の勢いも手伝ってつい乗せられてしまう。以来朝のジョギングを欠かさない私の体力はいつしか怖いもの無しになっていく。エサンオマントッタベツ岳に上がって、新冠川から幌尻岳七つ沼カールを目指し、戸蔦別岳を越えてぐるっと一周するルートは山岳部の学生ですら二泊でする。それを一泊でした時は、流石に帰りの運転が地獄だった。金曜夜に知床岳へ向かい、月曜早朝帰るのも当たり前になっていく。そんな無茶は数え切れないが、今の私にはもうその元気はない。

無趣味が趣味の親父が六十歳代半ばになってからは一緒に山に登り出す。野良仕事で体を鍛えていた親父は私と同じ荷を担ぎ、速足の私に遅れることなく何処にでも付いてきた。

中部日高のカムイエクウチカウシ山の頂にもうすぐ着こうかという時、コイボクカールの中の羆を二人で興奮しながら眺めていた。九六年秋に同じ山から札内岳まで三日間単独で縦走した時、入れ替わり立ち代わりに十頭の羆を見たが、登山者には終ぞ遇うことはなかった。

初めての沢登りが何処だったかは思い出せない。札幌近郊、神威岳の木挽沢は小さいながら初心者の私でも楽しく遡行できたが、残念ながらダムができた。漁岳への漁川本流など手軽な沢をやり出して、少しずつではあるが沢のフィールドを広げていく。過去歩いた沢は下りも入れると130ルート、重複も相当あるから二百回以上はやっていることだろう。

正式な山岳会に入ったことのない私の沢登りは自己流の域を出ない。習うより慣れろと技術と経験を積んではきたが、所詮は自分の楽しみの範疇《はんちゅう》だ。沢はやればやる程、その都度新鮮な魅力に取りつかれる。正直に言えば、かつて夏道を歩いていた時間が、今では勿体無くてしょうがない。

本書は、私が入っているインターネット上の山の情報交換の集まり『北海道の山メーリングリスト（略称ＨＹＭＬ）』への投稿記録を修正、加筆したもので、沢登りのガイドを目的に書かれたものではない。備忘録みたいなものだから、個人的な思い入れも随所に出てくる。読者が遡行する際の参考になるかもしれないが、その安全を保証するものでもない。沢登り自体が目的なので、山頂は一つでも複数のルートを掲載している。読者がよく知っている沢もあれば、聞いたこともな

時には手足の突っ張りで函を抜ける
（滝の沢川）

いつまでも酒がある限り宴会は続く
（臼別川）

い無名な沢も載せている。ハーケンなどを使っての遡行はしない。極力道具に頼らない登りが好きだ。それ故、沢の難易度としては初級、中級レベルと思っている。

沢の経験のない、少ない読者に少しでも沢登りの面白さや素晴らしさをお伝えできれば本書の目的は叶えられたと思う。

文中の同行者名はインターネット上でのハンドルネームや愛称をそのまま使用している。遡行日と写真撮影日は必ずしも一致しない。また遡行に際し北海道撮影社発行の『北海道の山と谷』（文中略称『山谷』）を参考にさせていただいたことも合わせて申し添えます。

二〇〇六年　雪解け水の音を聴きながら

岩村和彦＠ｇａｎさん

優雅な流れが延々と続く（珊内川）

釜で泳ぐのは最高に楽しい（黄金沢）

沢、その未知なるものへ……

沢の魅力・沢登りの心構え・用語の解説

沢の魅力

沢登りとは、沢を遡行して頂に至るまでの行程を総称して言う。

沢と川はほとんど同義語である。大体は歩いて遡行できる川幅10m以下の川を沢と称することが多いが、明確な違いはない。

当然だが沢には道はない。沢の全てが道であり、歩いたところが道になる。

その魅力を一言で表せば未知との遭遇に尽きるだろうか。極論すれば夏道登山は山頂に至って初めてその感激を味わう。沢登りは行程そのものの面白さだから、仮に山頂がガスっていても、途中で引き返したとしても、その魅力がいささかも色褪せることはない。

入渓する時には大きな川幅が沢の出合いを過ぎる度に狭くなり、最後には一滴一滴の源頭に辿り着く。一つの頂にあちこちの沢から詰め上がるのも粋なものだ。遊楽部岳然り、チロロ岳然り、そのバリエーションを楽しめるのも沢ならではだ。それが初めてのルートなら尚一層心が踊る。枕元に置かれた中身の知らないクリスマスプレゼントを開ける時のような童心にタイムスリップする。

小滝大滝が現れる度にそこをどうやって乗り越えて行くか、個人やパーティの経験や技量、体力に応じてルートを考えるだけで楽しさは倍増する。小滝でも手掛かり足掛かりがないと登れない。そんな時には仲間を踏み台にして登り、先行者には手で足場を作ることもある。チームワークを如何に発揮するかが沢登りの極意だ。

両岸が狭まり流れが淀んだ函や釜をへつって行くのは、時にドボンの覚悟がいる。それも無理ならザックを浮き輪代わりにして泳ぐ。盛夏に釜や函で泳ぐのは何よりの楽しみだ。七つ釜の絶景で有名な日高のヌビナイ川でバタフライをしたのは、多分私位なものだろう。苔生した石や岩、滝の渓相の美しさには言葉を失う。積丹岳に至る伊佐内川や、室蘭岳とカムイヌプリの間のコルへの滝沢などは、苔を見るだけで侘び寂び

滑滝を遡行する（知床・盤ノ川）

未知の沢を行く（ニオベツ川上二股の沢 780 左股）

の世界にどっぷり浸れる。

むき出しの岩や崖が迫る荒涼とした風景もまた沢の魅力の一つだろう。南日高・十勝岳へのコイボクシュメナシュンベツ川南東面直登沢や、トヨニ岳・豊似川左股川はその代表格だ。一気に突き上げる急峻なルートは、その迫力を一度でも味わうと病み付きになる。十勝岳へのコイボクシュメナシュンベツ川などは、楽古岳側から見ると、ほとんど垂直に見える。毎年一度は遡行する私の一番のお気に入りだ。

汚れのないエメラルドグリーンの沢水は見ているだけで心までも洗われる。清流という言葉を実感できるのも沢ならではだ。源流の水は時にビールに次いで美味いし、それで割ったウイスキーを呑めば左党には堪《たま》らない。

読図の面白さは沢登りするとよくわかる。またこれができないと目指す頂には辿り着けない。自宅でも地図を眺めているだけで空想が広がれば、もう相当の沢中毒だ。沢の出合いの度に地図で現在地を確認し、右股か左股か行くべき沢を判断する。源頭に近づいて来るに連れ読図での判断が難しくなる。ほんの僅かな等高線の窪みを見つけられればしめたものだ。最後は勘に頼ることもしょっちゅうだが、ここまで来るとどちらを選択しても山頂から大きく外れることはない。ドンピシャリと山頂に上がった時の満足感は沢屋冥利に尽きる。

時に山頂で泊まるのも乙だが、雨の心配がない時の沢でのキャンプは最高の贅沢だろうか。それが秋なら紅葉の中、ほとんど虫も居ない快適さは一度やったら虜《とりこ》になること請け合いだ。

流木を集めて焚き火を囲みながら満天の星を眺め、気の置けない仲間と呑む熱燗があればこれ以上の幸せはない。但しシャワークライミングが辛いのは言うまでもないが。山の幸、川の幸を同時に楽しめるのも沢登りならではだ。

滝の直登は滑落に要注意だ（ヌビナイ川右股川）

カワラナデシコの群落（大千軒岳）

泳いで滝に取り付く（知内川奥二股沢左股）

沢登りの心構え

沢登りの魅力はそのまま危険との隣合わせであることを、初めに肝に銘じておく必要がある。

様々な登山形態の中で総合力を必要とするのもまた沢である。

岩や崖を登るという点でロッククライミングとの共通点も多いが、最大の違いはロッククライミングが滑落を前提にザイルで安全を確保するのに対し、沢登りは確保なしで突破するか、それが無理なら手前の適地から高巻くのが普通だ。それ故にルート取りには細心の注意を払う。

沢登りの要素で技術・体力・読図力のどれも欠かすことはできないが、中でも体力が一番重要となる。技術、読図力は経験者と同行することと装備である程度はカバーできるが、体力だけはどうしようもない。夏道登山のように淡々と歩くのと違い、常に足元の変化に対応しなければならない。両手両足をフル回転させて滝を登り岩を越えるだけで、体力は著しく消耗する。

直登できない滝などは両岸を高巻くが、一分で終わる場合もあれば一時間以上かかることもある。

更に最も体力を必要とするのが源頭から山頂までの藪漕ぎだ。笹藪もあれば這松や潅木帯もあり、その程度も千差万別で、酷い時には１００ｍの高度を稼ぐのに一時間かかる。

沢をやろうとすれば普段からの体力トレーニングを欠かしてはならない。一番手っ取り早いのはジョギングすることだ。月１００㎞前後を一つの目安にすれば良いだろう。藪漕ぎでは腕力も必要なので、走り終わった最後に腕立て伏せ二十回以上も習慣化させたい。

エレベーターには極力乗らず階段を使い、エスカレーターではつま先だけ乗せて足を上下するカーフレーズはふくらはぎを鍛えるのに効果的だ。その気になればトレーニングは何処でもできる。

沢での怪我は致命に至る。どんな簡単な沢でもヘルメットをしないのは自殺行為だ。元より道なきところを遡行するわけだから、一瞬たりとも気を抜くことはできない。ヌルヌルした石や浮石などでの転倒はままあることだし、滝からの滑落も怖い。

中でも一番気をつけなければならないのは高巻く時などの落石だ。後続者に当たれば大怪我は免れない。また藪漕ぎなどでは笹や枝が目に刺さることもあるから、できれば保護の為にメガネを掛けたい。雪渓の通過は非常に危険なので状況判断は慎重に行う。

沢登りは天候に左右される度合いが大きい。雨が降れば沢は増水するから、普段だとなんでもない渡渉も命懸けとなる。最新の天気予報を調べてから沢に入りたい。

国土地理院の2万5千図を見てみよう。遡行する沢に水色の水線があるが、それは主要な沢だけだ。等高線の窪みが極端なところが沢になっているから、事前に遡行する沢と、それに入り込む支流などにも水線を記入しておく。ついでに二股に標高も入れておきたい。そうすると迷うことがないし、現在地の確認に役立つ。気圧高度計は誤差が当然あるので、本文中の標高を含めて参考程度にする。

パーティを組んで行く場合、リーダーだけの判断で

左岸に上がって、慎重にトラバースする（珊内川）

雪渓は非常に危険だ（エサオマントッタベツ川ガケの沢）

常に読図で現在地の確認を（イワウベツ川）

懸垂下降は必ず覚える（札的沢）

沢を選択するのは危険だ。全員が常に地図を携帯しそれぞれが現在地を確認することで、判断ミスを防ぐことができる。ただリーダーに従って後を付いて行くだけではメンバーの力量も向上しない。

下山で夏道を使える山ならいいが、沢を下降する時には登り以上に慎重さが必要だ。怪我の多くは下降の時に発生する。見通しの効かない幅広の稜線などでの位置の確認にはGPSが大いに役立つ。また同じ沢を下る場合、登る時点で藪の所々にテープで目印を付けておく方法もあるが戻る時には必ず回収したい。登攀の面では人工壁でのフリークライミングが役立つ。懸垂下降は必須の技術なので必ず習得する。ザイルワークはすぐ忘れるので普段から練習しておく。長さ2m、直径6、7㎜程のザイルを常に持ち歩けば、重ばらず、朝夕の通勤中でも反復できる。

最後に沢の難易度ほど人によって左右されるものはない。また遡行時間も単独かパーティか、初級者連れかベテランだけか、体力の度合いによっても大幅に変わる。計画立案の段階ではメンバー一人一人の力量を十分考慮することだ。万一誰かがバテた場合には外のメンバーで荷物を全部背負う位の余裕が欲しい。

増水気味のゴルジュ（黄金沢）

用語の解説

Cとあるのは標高であり、**C500**とあれば標高500mを意味する。単に数字だけで表す場合も多い。**C1**はキャンプ地のことで、テント場所を略して**テン場**《ば》、**天場**《てんば》とも称する。

沢と沢が合流するところは**分岐**、**二股**、**二俣**、**出合い**といずれも同義語であり、例えば右を選択する時には**右沢**、**右股**、**右俣**とも言う。主要な沢に対して流れ込む沢を**支流**、**枝沢**、**小沢**《こざわ》と書くこともあるが明確な定義はない。**右岸**、**左岸**は上流から下流に向かっての左右を言う。右沢、左沢などは下流から上流に向かっての右、左だ。単に右、左とあるのは進行方向に向かってを意味する。例えば登りで滝を高巻く時に、右岸を高巻くのと左から高巻くというのは同じである。前後するが**高巻く**とは、滝や岩を直接登らず左右どちらかの脇や手前から迂回して上がることを言う。

トラバースは斜面を横断することで、**へつり**とは沢岸の岩の僅かな足場を利用して行くことで**へつる**、**へつって**など動詞でも使う。**草付き**とは斜面に短い草が付いているところを指し、主に高巻く時やトラバースの手掛かりに使うが、全面的に頼るのは危険だ。**バンド**は岩棚のこと。**スラブ**は滑らかな一枚岩、**チムニー**は岩壁の縦の割れ目で、幅が広いものは**ルンゼ**と言う。**ガレ場**《ば》は角張った岩が堆積しているところで、**ザレ場**《ば》とはそれが細かい岩粒のところ、**ゴーロ帯**《たい》は大きい岩がゴロゴロあるところを指す。

沢の分岐、右股と左股が出合う（札的沢）

滝の大きさは正確ではない。凡そ視覚で判断したに過ぎない。明確な定義はないが目安、高さ2、3m前後が**小滝**に相当する。**大滝**はルート上で一番大きい滝を指す。

滝壷と**釜**は同義語であり、**淵**《ふち》は局部的に流れの緩いプール状を指し、それが長く続くのを**瀞**《とろ》という。**函**《はこ》は両岸が縦に迫ったところの形状で、それが狭く流れも急なのを**ゴルジュ**という。**滑**《なめ》、**ナメ**は傾斜の緩い岩盤を流れる滝を指す。**伏流**とは岩の下など表面に出ない流れのことだ。水のない沢や滝は**涸れ沢**、**涸れ滝**と言う。**沢形**は沢状の地形のことで水が無いこともある。**ブタ沢**とは面白くない沢を指す。

源頭は沢の最終の水場及びその一帯で、**詰め**、**ツメ**は主に源頭から山頂までの行程を指す。**藪漕ぎ**は笹や潅木、這松帯など沢や夏道以外を歩くことで、詰めの多くは藪漕ぎになる。**山頂**、**頂**、**峰**、**ピーク**は同じで、それら二つの間の一番低いところを**鞍部**《あんぶ》、または**コル**と言う。二つの峰を繋ぐ線を**稜線**や**尾根**と呼ぶ。**乗っ**

ガレ場は要注意だ（ニオベツ川野塚岳西コル直登沢）

小雨ならツエルトを張ってのんびり（日高・1373 m 峰）

越すとは尾根や稜線を越えることだ。

懸垂下降はザイルを使って崖や滝を降りる方法で、単に**懸垂**とも書く。**確保**とはザイルなどを使って、滑落に備え安全を確保することだ。

空身《からみ》というのは何も持たないか、あるいは水と雨合羽だけとかの軽装備を指す。

バイルはアイスバイルのことで、高巻く時など土壁に打ち込んで手掛かりにする。**ザイル**と**ロープ**は同義語であり、**シュリンゲ**は1・5〜2ｍのザイルを輪にしたもので、様々な場面で活用でき、重宝する。**GPS**は衛星を利用して現在地や高度を正確に確認できる機器だ。

ツエルトは非常用の簡易テントのこと。

沢のレベルは体力、技術、遡行時間など総合的に捉えて初級、中級を使っているが、絶対的なものではない。一つの滝でも直登と高巻くのとでは判断が分かれる。初級ルートでもベテランとの同行が望ましい。

初級者連れではザイルで確保する（室蘭岳裏沢）

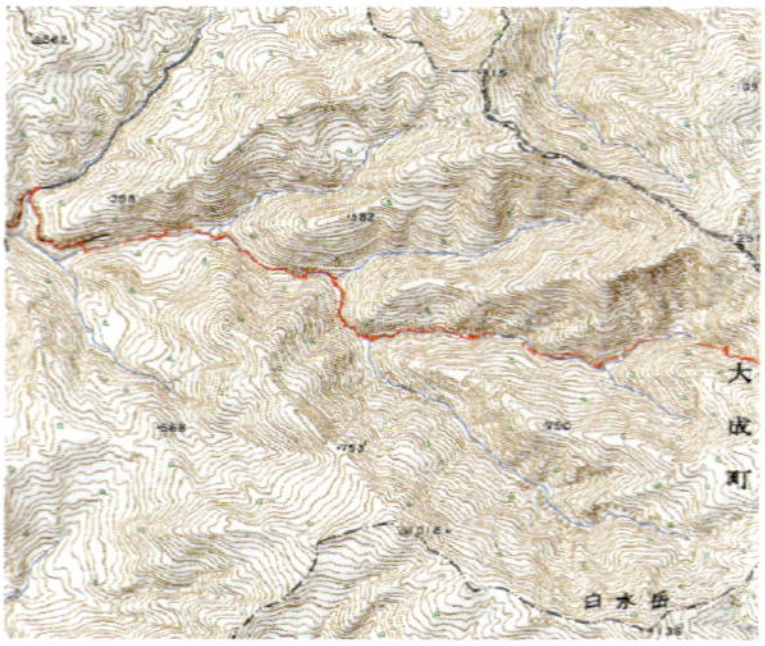

GPSは歩いた軌跡が取れる（臼別川）

泳いで通過した函（珊内川）

懲りない沢屋は雪でも登る？（ピカペタヌ沢川 623 右沢）

道央・積丹・増毛・樺戸山塊の沢

HYML、その実態は……！

北海道の山メーリングリスト（HYML）が発足して七年を迎える。特筆すべきはその旺盛な活動である。自己責任を前提に組織に縛られない大きな山岳会と思えば、より実態には近いだろうか。

発足以来、途中一月だけ休んだ以外は毎月一度札幌駅前の居酒屋で懇親会を開いている。常時二五～四〇名の会員が集まるが、年齢、性別、職業、山の経歴など一切問わないし、組織としての上下関係もない。

十八時半から二十三時まで「山」という一点だけの繋がりで、酒を呑みつつしゃべり続けるその様は壮観だ。呑む量に関係なく一律割り勘だから下戸の人程歓迎される。出席者全員が近況報告をし、個人の中傷はしないなど不文律のルールはある。雪崩講習会、救命講習会、沢登り教室、山のトイレデーへの参加、登山道整備のための笹刈り、誘い合わせての山行など、誰かが幹事になり頻繁に実施している。

〇四年には「北海道スノーハイキング」の出版もした。蛇足だが会員同士で既に三組が結婚しているのも、顔が見える付き合いをしているHYMLを象徴している。今後ますます進むであろうネット社会にあって、興味の尽きない集まりである。

Data
2005・8・17～18◉17日6時第一マッカ沢橋～
6時10分C95本流出合い～13時55分山頂
18日5時7分～8時35分C904東コル～
スサノ沢～珊内川～12時40分第一マッカ沢橋

Map
2.5万図　「ポンネアンチシ山」・「珊内」

Member
洋ちゃん・山ちゃん・gan

珊内川《さんないがわ》本流から珊内岳《さんないだけ》1091m

積丹半島には標高こそ1000m前後であっても、
簡単に頂を踏めない山が多い。
積雪期を除けばそのほとんどは沢から登ることになる。
珊内岳はその代表的な山だ。
入渓者の痕跡の少ないワイルドさは沢屋を惹きつけて止まない。
総合力が試されるルートだ。

期待値

先々週の道南の集中豪雨はまだその余韻を残していた。珊内川の随所にその跡が見られたが遡行には問題なさそうだ。実は一〇日前に単独での遡行を計画したが、沢に足を踏み入れた段階でこれは無理だと諦めて、太櫓川《ふとろがわ》に転進していた。

前夜遅くに積丹岳休憩所で仮眠を取り、神威岬経由で神恵内村珊内地区に着く。曇り空だが天気予報は問題ない。珊内川の右岸沿いの道を行き、分岐を右に取ると橋を渡る。そのまま山腹を右から巻くように上がるとゲートになる。歩いて十分の第一マッカ沢橋が入渓地点だ。

単独の予定だった前回と違い、二人が一緒だと気の持ちようが全く違う。泳ぐ場面もあるらしいから、その点では私の出番が多そうだ。支流を下ると五分で95の本流

気持ちの良い滑が続く

腰まで浸かっての遡行は当たり前だ

珊内川本流～珊内岳

この間、背丈を越える藪漕ぎが
大変だ。3時間は見ておきたい
テント二張り可能。山頂からは
漁火が見える
珊内岳
1091m
テント泊
積　丹　町
420 二股
498 二股
440 二股
470 二股
この右股の流れが確認できなかった
この辺りで泳ぐ場面が
珊　内　川
屏 風 山
440までは滝、ナメ、釜などが
適度に続く
神　恵　内　村
国土地理院2万5千図の70%
0
500
1000m
N

丹町
オブカルイシ川
オブカル石
ノット川
オオナイ川
白川
ヲネナイ
能蘭山
神《かも》恵《え》内村
鉞《まさかり》山
カシ山沢川
滝の沢川
スサノ沢
滝はあるが、下るのは容易だ
入渓地点
珊内
珊内ぬくもり
ノーラン岬
マッカ岬
往路
復路

次々と滝が現れる

に着く。

それほど大きい沢ではない。が、これから出合うであろう未知なる滝や釜に思いが巡り、心臓の鼓動がますますエキサイトしていくのを自覚する。

液　体

渓相の素晴らしさには目を見張る。一点の汚れも知らぬ浅い流れの中、艶っぽい玉石が光輝いている。早速の歓迎者が現れる。すばしっこい魚影が目にも止まらぬ速さで、上流下流を行き来する。釣り名人の**洋ちゃん**に聞けば山女《やまめ》らしいが、お付き合いしている暇はない。すぐに左から二本の支流が入る。二本目が下降に予定しているスサノ沢だ。

本流を進むとすぐに幅広の滝がお出迎えだが難なく越える。１４０の滝１０ｍは歯が立たない。手前２０ｍから左岸を高巻くが、先頭を行った**洋ちゃん**からザイルをもらう。しっかり担いだ宴会用の液体が、体を容易には持ち上げさせない。

１７０の釜持ちの滝も左岸を巻く。気温高めとは言え、ずぶ濡れはやはり寒い。あくまで安全第一に、巻くところはしっかりと巻く。

それにしても次々と現れる滝の数々は沢屋を飽きさせない。200からは滑が続く。240二股は左右の水量が三対一だ。250で問題の函が現れる。

幅3m、奥行き15m程の底は見えない。吸い込まれそうなぞくぞく感が支配する。

突 破

一旦は左岸から高巻こうとしたが相当な高度だ。ザックを置いてザイルを持ち、覚悟を決めて滝下まで泳ぎ着く。1mの小滝の上に上がると流石に寒さで体が震える。まずは自分のザックを引っ張り上げ、続いて空身の**山ちゃん**を手繰る。二人分のザックを持った**洋ちゃん**が辿り着いた時には、体が芯まで冷え込んでいた。寒さで震える**山ちゃん**のガチガチと歯が鳴る音が沢音に混じって響く。次の釜持ちの滝は左岸をへつり気味に上がるが、足場が微妙で気が抜けない。私だけは5m上を高巻いたが途中でバイルのお世話になる。

この沢一番の難所は寒さとの戦いでもあった。

その後も釜や小滝が続き、程よい面白さを堪能する。280で再び滑が現れた先の295二股を左に取ると、その後は小滝が連続する。各人各様のルート取りで少しずつ高度を上げて行く。

誘 惑

十時二十分、440二股でちょっと早い昼飯にする。ラーメンを一個作りスープ代わりに体を中から温める。前夜、休憩所で炊いたご飯をコッフェルに詰めてきた。生卵と納豆があれば十分だ。瞬く間に胃袋に消えていく。柔らかい日差しが沢中に注がれて、長居をしたい誘惑を振り切るのに苦労する。

すぐに470の二股があり、次の498二股は右の谷間もはっきりしているが、入り込む沢が確認できないまま通過する。沢自体は核心部が過ぎた。470以降あった滝は二つだけだが問題はない。

正解

正面には山頂から南東に伸びる稜線が見え、荒々しい崖になっている。右岸にも崖が迫って、雰囲気は南日高の十勝岳南東面直登沢を思い起こさせる。825が実質源頭となり、各自2ℓ水を汲む。左右から笹が覆い被さってくる。

955の涸れ二股から右を詰めるとコルに上がるが、山頂により近い左に入る。これが正解だったのは1000付近まで沢形が続いていたことだ。振り返れば先程見上げた稜線の崖が目線より下になる。結構な密度の笹藪を抜けると山頂手前は這松帯だ。三十五分の格闘だったが、詰めとしては軽い部類に入るだろう。

笹一面の平らな山頂は山名板すらないところだ。初めて踏んだ頂に一層の感動を覚えたのは、遡行した沢の充実感もあったのだろう。三人でしっかり握り合う手に一段と力がこもる。神恵内村から岩内へ向けての海岸線がすぐそこに見えた。

漁火

まずは登頂祝いだ。冷えてはいないが乾杯のビールが喉に染み渡る。まだ十四時を回ったばかりだ。次に日本酒の菊水ふなぐちの缶を開ける。そのまったりとした甘さが疲れた体に心地良く、度数十九度が酔いを加速させる。山頂の西寄りにテント二張程度のスペースがあり、我々で独占するには十分過ぎる。テント設営後も中に入る者は一人もいない。

秋刀魚の缶詰に玉ねぎと油揚げを入れて、量を増やした蒲焼丼が山頂ディナーだ。

何もない山頂は見晴らしがいい

テントの外で宴会突入

沢屋の手料理は秋刀魚の蒲焼丼

自画自賛するのは料理人としては自殺行為だが、これが結構いける。焼酎、ウイスキー、ワインが並び、**山ちゃん**、**洋ちゃん**の酒豪には手が付けられない。宴会場を室内に移す頃には夕焼けが山肌を照らし出す。

一人だけ十九時前に沈没した。二十二時に目覚めた時、真ん丸な月が煌々《こうこう》とテントを照らす。目を転じれば月光を乱反射する海原に、更に光輝く塊が四つある。夜を徹しての烏賊《いか》釣り船だ。珊内地区にも微かな灯りが見えるが、岩内のオレンジ色の灯りが一際目立つ。こんな絶景を一人占めする程拗《す》ねてはいない。寝ている二人を起こしたが余計なことをしただろうか。

明け方に目覚めると周囲は既にガスの中だ。風も出てきた。残りのご飯をチーズ茶漬けにして朝食を済ませ、五時七分山頂を後にする。南西に

!!!

伸びる稜線の904手前のコルからスサノ沢を降りるのが予定のルートだ。視界は50mあるかないか。904までは距離にして1km前後と見た。相当な藪漕ぎは覚悟して二時間かかるのを想定したが、結果三時間半もかかってしまう。

コルまでの稜線は平坦で方向に細心の注意を払う。笹が太く密度が濃い上に背丈を遥かに越えるから、見通しは全く効かない。コンパスだけでは不安が募る。30m歩いては二人の持つGPSで現在地の確認を繰り返す。こんなに不安な藪漕ぎは過去に記憶がないほどだ。

山ちゃんと私で先頭を交替しながら何とかコルに着いた時には、一日分の頭と体のエネルギーは空に近いものだった。正直に言えばGPSを持たない私が単独だったたな

ら、無事に着けたかどうかは自信はない。『山谷』の本に倣《なら》えば藪漕ぎの難易度は!!!はあったのだろう。

自己満足

コルからの下りでも何度も位置を確認した。程なく雨が降ってくる。420のスサノ沢本流出合いまでは一時間四十分を要したが、最後に滝が一個あった位だ。ラーメンを作り空腹を満たしている内に、空には太陽が顔を出す。出合いから下は何箇所か滝があったが、高巻きも入れて問題になるようなところはない。一時間二十分で珊内川本流に出合う。昨日入渓した第一マッカ沢橋に着いたのは、届け出た計画書よりも四十分遅かった。

珊内ぬくもり温泉に着いたのは、丁度開場の十三時だった。振り返ると珊内岳にはまだ雲がかかっている。温泉にどっぷりと浸かりながら、三人三様の自己満足が浴槽からもあふれ出る。

おまけ

泳ぐ場面を除けば、登り自体はそれほど難しくはない。むしろ帰りの稜線歩きが難関だろう。体力と地図読みに自信がなければ珊内川本流を戻るのも選択肢になる。山頂からの漁火の夜景は値千金だ。

伊佐内川《いさないがわ》から積丹岳《しゃこたんだけ》１２５５ｍ

積丹岳は積丹半島で夏冬共に人気のある山である。
登山口には無料の休憩所もあるから、日程に余裕があれば一泊したい。
伊佐内川は難しいところはなく、
しっかりしたリーダーがいれば初級者にもお勧めだ。
遡行時間がやたら長いのと最後の藪漕ぎは覚悟しよう。
苔の美しさを見るだけでも沢歩きの価値は十分ある。

Data
2005・8・1●4時50分林道P～5時6分入渓～13時35分山頂14時40分～16時40分登山口

Map
2.5万図　「美国」・「余別」

Member
太刀川さん・廣川さん・こざる・gan

　二度目の伊佐内川だが、その苔生した渓相は沢屋の遡行意欲を高めて止まない。

侘び寂び

　前夜の積丹岳休憩所は貸し切りだった。連日の寝不足にビールとワインが利いて、二十一時過ぎに横になると気が付けば三時半だ。

　朝到着した**廣川さん**の車で丸山地区から山側へ林道を入り、行き止まりで駐車する。曇ってはいるが気温はまずまずだ。十五分歩いて取水施設から入渓した途端に苔の世界が展開する。

　ここから４２０二股までは正に侘び寂びのしっとりした沢が続くが、以前に比べて風倒木が多いのが残念でならない。途中で２９０二股に泊まったという学生パーティが降りて来る。魚影が全く確認できないのは何故だろう。二時間半で４２０に着く。

伊佐内川～積丹岳
420までは苔むした石と
流れが実に美しい
290二股
420二股
550二股は左右の
水量は同じだ
この辺りで核心部の
滝が続く
源頭は遅くまで
雪渓が残る
三股風になっている
積丹岳
1255m
この間の藪漕ぎに40分
あまりを費やす
水、トイレ有の快適な
無料休憩所
休憩所
野塚町
日出
伊佐内川
国土地理院2万5千図の70%
0
500
1000m
N

ミルフィーユ

420から先でヌルヌルとしたゼリー状のものが岩に目立ち、フェルト底の渓流靴には辛い登りが始まる。釜持ちの滝も程よい間隔で次々と現れる。どれも直登するには面白いが、シャワーを浴びて体はぐしょぐしょだ。550の二股は右に入るが、左右とも水量が変わらないから地図での確認を怠れない。675の幅広の滝5mは柱状節理の特異な岩で、順層だから何処でも登れる。ここから750までがこの沢の核心部だろうか。5m、10mの滝が続く。長い沢歩きにカツが入る辺りだ。

700付近からの四段50mが最大の見せ場だ。多少難しいのは最初の10mだ。ホールドはしっかりあるが、切り立っているため慎重の上にも慎重を重ねる。私が右寄りを直登して先行し、万一を考えザイルを出す。そこからも直登可能な滝が三つ続き、一気に高度を稼ぎ出す。

900は三股風になっている。手前には大雪渓が残っていて、いつ落ちてもおかしくない薄いトンネル下を忍者の如く通り過ぎると、不思議な岩が現れる。お菓子のミルフィーユのように薄い岩盤を積み重ねた光景に、またひとつ自然の驚異に感じ入る。

四十分

左右どちらとも判別付かない分岐に当たる。読図でもわからない。水量はほとんど変わらないが気持ち右が多そうだから、素直に従う。最後の分岐はどちらを取っても源頭の草原に出る。

さて問題はここからだ。以前来た時にも、あるという踏み跡が見つけられず山頂までの薮漕ぎに難儀した。中央には沢形が薮の中に続いているが今ひとつ確信が持てな

直登は無理なので右から上がる

水量が多い沢だ

ポンネアンチシ山方面はガスがかかり出した

い。困難を覚悟で左へトラバースして左上気味に藪漕ぎ開始だ。しっかり四十分かかって山頂まで三分の夏道に出る。

舌鼓

歩き出してから八時間四十五分後の山頂だった。沢自体は苔あり、滝あり、藪漕ぎありで面白いが、とにかく距離が長いから体力がなければ務まらない。

山頂には一人だけ登山者がいた。余別岳が目の前に見える。ここにも幌内府川から上がったが、途中で泳ぎありのワイルドな沢だった。腹ぺこの身には前夜の残りのジンギスカンだけでは足りない。**こざる**が持ってきたインスタントの沖縄そばを追加するが、そばというよりうどんに近い。一時間しっかり展望を楽しんでゴミ拾いしながら下山する。

登山口に着いたのは出発してから十一時間五十分後のことだった。疲労感に包まれて運転が面倒になった時、**太刀川さん**が代わってくれた。伊佐内川の苔の鮮烈さが脳裏に浮かび、私の心はまだ遡行を続けていた。

おまけ

紅葉の時季にも一度訪れてみたい沢だ。春先は竹の子採りが多く入山し、ゴミが目立つ。できればゴミ拾いしながらの下山をお願いしたい。

Data
2004・8・7◉4時手稲金山P〜
4時53分C370入渓〜10時23分870林道〜
11時10分昼食12時6分〜
12時52分C630発寒川出合い〜
15時20分平和の滝

Map
2.5万図　「銭函」・「手稲山」

Member
おっ母さん・こざる・gan

星置川《ほしおきがわ》から発寒川《はっさむがわ》縦走

札幌市中心部からでも、三十分あれば行ける二つの沢は、頂に登るというよりも遡行自体を楽しむ沢だ。入渓者の多い発寒川に比べて、星置川には沢屋の痕跡も余りなく、住宅街のすぐ奥の沢で、こんなにも原始性が残っていることに驚かされる。

悲しき思い

発寒川は源頭まで詰めたことはあったが星置川は経験がなかった。本人の名誉を思うとここだけの話にしてほしい。**おっ母さん**は、南日高のニオベツ川でキトピロ採りに夢中になり足を痛めてから、沢を遠ざかっていた。そのリハビリ遡行に選んだが、沢自体は正直期待はしていない。

初めて北海道の沢をやるという**こざる**を入れての三人パーティは、夜が明けたばかりの手稲区金山の金山橋を渡った先で車を停める。星置川の左岸林道を小一時間歩く間に、二〇個以上もある砂防ダムには驚かされる。最後は僅か2、300mの間に六個のダムが集中し、更に一つは建造中だ。何ともやりきれない、悲しい思いに駆られたのは私だけではない。沢音が悲鳴のように聞こえてくる。

最後のダムを越えて370で入渓すると沢相は一変する。苔生した岩の間に清流が流れ込み、小さい沢ながらもこの先への期待感が膨らんでいく。程なく5、6mのゴルジュ風の滝が現れ、400過ぎから急登が続き高度を稼ぐ。445の5mの滝は幅

苔の美しい小滝が続く

8mの階段状で苔が生え、それを踏むことにためらいを覚える程だ。480二股は水量変わらず左を取る。

610で15mの滝が行く手を阻む。左端から草付きを利用しながら慎重に上がると、その先には5mクラスが二つ続く。

gan止めの滝

直登できない二つ目の滝をgan止めの滝と勝手に命名する。**おっ母さん**と**こざる**が呆れ顔して黙認する。右岸から高巻くのも厳しいが、かと言って左岸も易しくはない。左岸手前の枝沢状を途中まで上がり、トラバースして滝上に出るが、斜面が急で疎林なだけにかなりの緊張を強いられる。

その後も3、4m程だが手強い滝が連続し、時に**おっ母さん**を踏み台にして上がる。期待していなかった分、拾い物をしたとはこのことだ。自称湘南ガールの**こざる**などは、人跡の少ない原始性豊かな沢に感激の言葉ばかりが口を付く。760二股では左が僅かに水量が多いが右を取り、785で右の枝沢を見ながら左を進むと程なく源頭になる。真南に向けて磁石を合わせ笹を漕ぐと、予期しない林道が突然現れた。

星置川～870林道～発寒川
星置川
ダムの多さに
驚かされる
入渓地点
小滝、中滝が
なかなか手強い
最後少しの藪漕ぎで
林道へ出る
林道は途中から
登山道状態になる
手稲山
手稲区
札幌市
手稲区
スキー場
最後は適当に藪下降して
発寒川に至る
この沢を詰めると奥
手稲小屋への夕日の
沢へ乗っ越すが、藪
漕ぎが長い
手稲山への夏道との分岐
琴似発寒川
平和ノ滝
N
0
500
1000m
国土地理院2万5千図の60%

発　想

現在地が何処なのか瞬時に判断がつかない。**おっ母さん**のGPSと地図を見比べ、手稲山から西に伸びる870の平坦な稜線上だと判断する。

この沢最大の滝は左から慎重に登る

昼に備えてキトピロを採る

南に少し下るとそのまま発寒川の源頭に行くはずだ。地図にない林道は何処まで続いているのかわからないが、南東方面へ少し歩いた広場で昼食にする。ぽかぽか陽気に昼寝でもしたい位だ。

今回は初めから頂を踏む予定はないが、星置川を詰め上がっただけで満足感は十分過ぎる。小一時間休んで取りあえず林道を下ってみることにする。発寒川の方向さえわかっていれば最後は何とかなるだろうと思うのは、藪漕ぎに慣れた沢屋的発想だ。

林道は途中から草木が被さった登山道のようになる。802ピークから下で道が尽きた地点から急な崖を降りると630付近で発寒川本流に出合う。こんな沢歩きをしたことがないこざるは驚いているばかりだが、北海道では当たり前だ。本州にあるような詳細な遡行図もここにはない。北海道の沢歩きは冒険と探検が交じり合う大人の遊びなのだ。

出合いから先は何度も遡行した沢だからゆっくり水と戯れながら下るだけだ。普段はじっくり見ていない滝や釜などを物見遊山気分で下り、十五時二十分に平和の滝の登山口に着く。

拾い物の一日は掛け替えのないものだった。

おまけ

発寒川から逆の縦走もできそうだが、最後の藪漕ぎに多少時間がかかるだろう。星置川の下りは懸垂が必至だからザイルは必ず持参すること。

Data
2005・9・19●6時半砕石場〜7時41分C500入渓〜
9時5分C900林道出合い9時15分〜
9時35分万計沼10時40分〜
11時40分登山口〜12時砕石場

Map
2.5万図 「空沼岳」

Member
栗さん・こざる・gan

湯《ゆ》の沢川《さわがわ》から万計沼《ばんけいぬま》

空沼岳へ行く途中にある万計沼は、心落ち着く静かな沼である。登山口から二時間余りで着くので一服するには丁度良い場所だ。湯の沢川は万計沼の裏まできている林道に出合うこじんまりした沢だが、初めて遡行した時には拾った宝くじに当たったような気分になるだろう。空沼岳まで行っても良いし、そのまま夏道を下山しても満足感が十分得られる。

独活《うど》

前日の雨の影響が気になった。沢の長さは知れているが、まあ駄目なら駄目で戻るだけだ、といつもの気軽さで決行する。空沼岳登山口1㎞程手前の右に砕石場があり、その先で橋が真駒内川にかかっている。湯の沢川は少し上流から右に分かれる。初めて遡行したのは三年前だ。人伝《ひとづて》に小ぢんまりした面白い沢だとは聞いていた。知らない沢自体を遡行するのに価値があるから、それだけで十分納得できる私だった。

橋の手前に車を停めて砕石場に向かって10分歩くと、すぐに道は分かれて左の林道を進む。曇り空だが気温は高めで、時折青空も顔を出す。沢沿いの林道は始め左岸を行き、右岸、左岸と渡り歩き、その先で崩落気味になる。

更に詰めると500で右岸に再び渡る辺りで道は尽きる。途中には硬くて既に食用には遅い独活がそこかしこに生えている。勿体無いと思うが採りに来る人は少ないの

林道歩きがちょっと長い
380
砕石場
湯ノ沢
湯の沢川
入渓地点
夏道登山口
900 で林道に出る
この間、滝、滑が
一気に展開する
万計沢川
長沼
万計山荘
空沼小屋
万計沼
この間往復しても小一時間だ
山頂からは 360 度の絶景が楽しめる。
万計沼から 2 時間あれば十分だ。
空沼岳
国土地理院 2 万 5 千図の 70%
0
500
1000m
N

湯の沢川〜万計沼

小さいが滑は見事だ

シャワークライミングだが、足場はある

だろう。適当に入渓すると赤茶けた岩盤が迎えてくれる。沢は矢張り増水気味だが遡行には影響なさそうだ。沢水は心地良い冷たさに感じる。虫もいないこの時季の沢は正に沢屋には極楽そのものだ。

滑《なめ》三昧

前週の日高の１３４７m峰とは違い、石がしっかり足裏にフィットして歩き易い。名前の湯の沢は水の微かな濁りに関係があるのだろうか。６２５から８１０までにこの沢のエキスが詰まっている。６２５で１０mの緩い滝が出てきてからは、一枚岩の滑が滝を挟んで続く。スケールこそ小さいが、札幌からの至近の沢でこんな素晴らしい遡行ができるのを知らない沢屋は多い。

６５０で５mの滝を容易に直登すると、上には二段の階段状の滝がある。６７５の右股は小さいながら滑になっている。左に入りすぐに出合う５mの滝は、右寄りから直登する。その先で五段の小滝が続くと、７１０、７３５で１０mの滝が続けて待ち構える。個人の技量に合わせてバラエティー豊かな取り付きで越えて行くのが堪らなく楽しい。いつしか空一面がブルー一色に染まり出し、沢シーズンが終わりに近いのを嘆く三人の声が交錯する。

万計山荘は万計沼のそばにある

万計沼の神秘的な美しさに心が落ち着く

ハイライト

750がこの沢のハイライトなのは誰にも異論はない。10mのゴルジュの滝は中を行き、先の10mの直瀑を右から高巻いて上がると、またすぐに5mの滝がある。春先の増水時にはゴルジュ突破は厳しい。30m手前の右の枝沢から大きく高巻くことになる。810で15mのすだれ状の滝が見事だ。左手前の枝沢から取り付いて右に乗っ越すと後は900の林道出合いまでは何もない。

そこからはゆっくり歩いても二十分あれば万計沼に着く。ポツポツと登山者がやって来る。

ラーメン作りは**栗さん**と**こざる**に任せて、私は持参した美瑛富士避難小屋のトイレ設置の署名を御願いして回る。ゆっくり一時間休んで下山すると、登山口は二〇台以上もの車で埋まる。砕石場に着くと、時計はまだ十二時を回ったばかりだ。半日でこんなに手軽に楽しめる沢はそうそうない。札幌市民は、いや札幌の沢屋は幸せだな、とつくづく思う。

おまけ

林道から更に沢を詰めると源頭の長沼がある。ゆっくり歩いても三十分で着けるから、空沼岳に登らないなら是非行ってみたい。沢自体で迷うような分岐はないが、始めの林道歩きが長く感じる。380から入渓しても滑や滝、ゴルジュが楽しめる。

Data
2005・10・30◉8時46分C500林道終点～
9時15分C567二股～
11時13分1068m幾春別岳北峰11時26分～
12時6分1063m幾春別岳南峰12時55分～
14時50分林道出合い

Map
2.5万図　「幾春別岳」・「桂沢湖」

Member
洋ちゃん・山ちゃん・栗さん・こざる・gan

幾春別川《いくしゅんべつがわ》左股沢から幾春別岳《いくしゅんべつだけ》１０６８ｍ

三笠市・芦別市・夕張市の境界にひっそり佇む幾春別岳だが、
山頂からの眺めはなかなか壮観だ。
北峰と南峰があるが
標高が僅かに高いのは１０６８ｍの北峰で三角点は南峰にある。
沢としては難しいところは全くない。
晩秋の一日しっとりとした沢歩きを味わうのは格別だ。

由　来

『文通の会』の五人が揃った沢行きは久し振りだ。ＨＹＭＬを通じて集まった沢好きばかりだが、この集まりに何か名前を付けようとなった。私が個人的に主宰している山の会を『千呂露《ちろろ》の会』と名付けているが、その時参加した人が会員という極めていい加減な会だ。『文通の会』は中の一人が小学校時代の文通相手と結婚したという、当人以外には正にどうでもいいようなことを取り上げて私が名付け親となる。

前夜岩見沢の**栗さん**宅で沢納会を行う。蟹鍋を肴に銘酒久保田千寿があっという間に空になる。ここ二年程の沢の写真を次々とパソコンが映し出す度にあぁだ、こうだと口やかましい。

日曜は**山ちゃん**が選んだ幾春別岳に登ることになった。皆初めての沢だが私を除いて二日酔い気味なのは致し方ない。

天気予報は芳しくないが、雨量は知れている。問題は寒さだ。まあ駄目なら戻るか、と暗黙の了解の元、七時過ぎに三笠へ向かうと時折小雨が車窓を打つ。

ハンター

桂沢湖から夕張へ向かう国道452号線を行く。ダム湖が終わり、川になった辺りからすぐ先の左に左股沢林道はある。それ程酷い道ではないが、普通乗用車で行くのは辛い。少なくとも四輪駆動でなければ安心はできない。川床からかなりな高さに付けられた林道は右岸から左岸に渡る。

暫く走ると一台の車とすれ違う。停まった車のハンターは我々に向かって「羆がいるから気ぃ付けろや」と単刀直入に言葉を投げる。銃器も持たずに山奥へ入る我々は彼から見れば無謀そのものと映るのだろう。国道から9㎞で林道が尽きるとそこは500付近だ。

横の枝沢から490の本流に降りる。本流と言っても沢幅1、2m、深さ10、20㎝の小川に近い。ネオプレーンソックスが冷え冷えした水から足を守り、寒さはそれほど感じない。

包み紙

滑のような一枚岩の沢床だが石はツルツルとよく滑るから気が抜けない。両岸には生気のない草と茎が頼りなく立ち尽くし、すぐそこまできている冬へ最後の抵抗を試みる。それにしてもこの枯れた雰囲気は平凡な沢歩きを補って余りある。横たわった木の所々にきのこが生えて、得意分野の**洋ちゃん**に教えを乞うのは私と**こざる**だ。567の二股は水量は変わらない。右奥にはちょっと手強

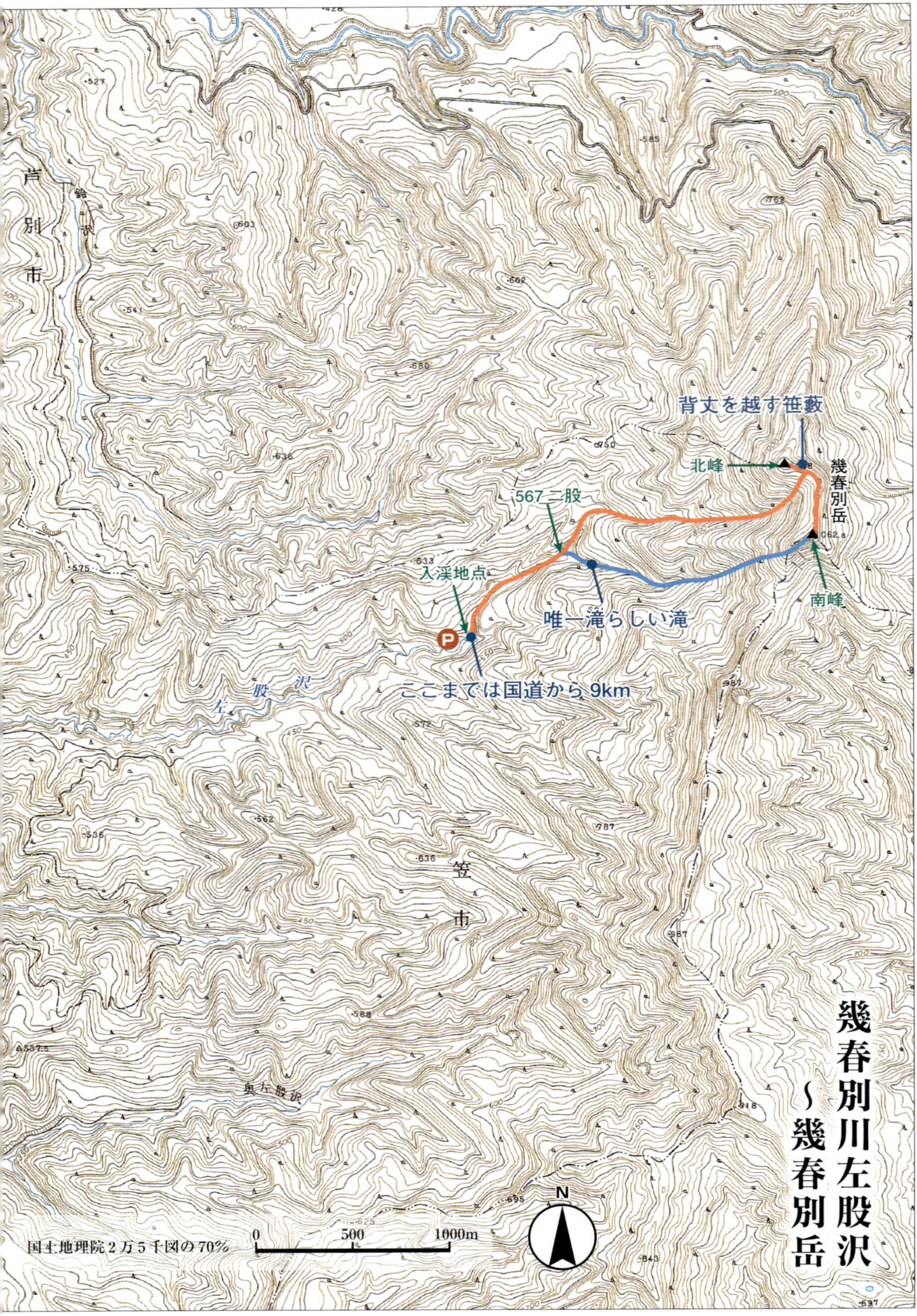

幾春別川左股沢～幾春別岳

林道の運転は慎重に
左股沢林道
桂沢湖
上桂橋
三
笠
市
国
道
左
股
沢
幾
春
別
·383
·358
·317
·365
·482
·272
·453
·311
·361
·336
·428
·459
·435
·405
·339
·476
·210
·215
·363
·435
·480
·235
·423
·243
·412
·467

ちょっとときのこの勉強会

源頭から北峰へ

そうな滝も見えて、帰りが楽しみだ。

　左を取ると１ｍ程度の滝が幾つか出てくるだけで、淡々とした登りが続く。８００で源頭になる手前の右壁からは涌き水が出てきて、ここでタップリ水を汲む。ほぼ１０００までは沢形が続く。右岸が笹の斜面の涸れ沢は苔生した石が埋め尽くし、何とも味わいある詰めに幸せを感じる。北峰が南峰よりも僅かに高いので先ずは北峰を踏むことにする。

　栗さんを先頭に左上に向けて藪を漕ぐ。結構な密度に後を着いて行くのが大変だ。途中で私が露払い役を交代するとほぼ稜線に上がり、藪漕ぎ開始から二十五分で北峰に着く。全員が初めて踏んだ北峰は平坦な笹原で、すぐ隣には南峰が聳え立つ。残念なのはおにぎりの包み紙が二枚落ちていたことだ。オイオイ、こんな原始的な山に来てまでゴミを捨てるなよ、と文句の一つも言いながらポケットに押し込む。

寂寥感

　指呼の間の南峰だが三十分だ、いや一時間は掛かるだろうと議論は分かれる。**山ちゃん**を切り込み役に藪を漕ぎ出す。背丈があって見通しは悪い。左寄りに行きがちな先頭を後続部隊が修正する。時折潅木に上がっては方向を確認する。アップダウンは３０ｍほどだから楽なものだ。四十分で狭いながらもすっきりした南峰に着く。

　時折舞う小雪が初登頂を祝ってくれる。全く風がない。南東に広がる裾野の荒涼とした風景に、この時季ならではの寂寥感が漂う。嗚呼、何と言う至福に満ちたひとときだろう。周囲の山々には雲がかかるが東側に夕張岳や芦別岳などの夕張山地が連

北峰から南峰への笹藪漕ぎ

幾春別岳山頂で昼飯タイム

なっている。
玉ねぎとワカメ入りのラーメンはあっという間に胃袋を満たす。その内寒さを感じてきた。再びこの頂を踏むことがあるのかどうかはわからない。柄にもない感傷に浸りながら三角点に別れを告げる。

拓　郎

帰途は一旦南峰の南西にある肩まで行き、５６７で往路の沢に合流する沢を下ることにする。

肩から適当に藪を漕ぎ、間もなく谷間に当たる。８００で清水が流れ出す。登り以上に滑り易い石には気を遣い時間がかかる。５８５で沢最大の滝がある。二段１５ｍは一段目は難なく下りる。二段目は安全を期してザイルを垂らすが懸垂をする程ではない。

山頂から二時間弱で林道に上がる。サンダルを忘れた私は床に広げた新聞紙に裸足を投げ出し、疲れを癒す。カーオーディオから流れるのは吉田拓郎が歌う『今日までそして明日から』だ。私の沢登りもまた今日まで、そして来年もだ。崖に根を張った一本のもみじの紅が一際目立つ。幾春別の冬はもうすぐそこだ。

おまけ

札幌からも日帰りできる山で、遡行時間も短いから初級者にもお勧めだ。ただ夏は草が被ってうっとうしいだろう。林道の運転と羆には、十分注意したい。

Data
2004・11・1◉6時26分C133林道P〜

7時5分二の沢出合〜三の沢〜

11時861m峰12時20分〜六の沢〜本流出合〜

16時林道P

Map
2.5万図　「浦臼」・「ピンネシリ」

Member
山ちゃん・栗さん・こざる・gan

札的沢《さってきざわ》三の沢左股から861m峰

樺戸山《かばとやま》から浦臼山《うらうすやま》方面の稜線は標高こそ900mに満たないが、札的内川《さってきないがわ》札的沢《さってきざわ》から様々なルートが使える点で、実に貴重な山塊だ。

距離は短いがどれも侮れない沢ばかりで、レベルとしては中級者向きだ。

札幌から近いのも有難い。

以下札的沢3ルートの遡行記録を紹介する。

こざる鍋

沢の納会会場は岩見沢の**栗さん**宅にした。いつも泊まっている山小屋よりは確かに快適極まりないが、呑みすぎた輩《やから》が続出するのも困ったことだ。料理からして**こざる**鍋というからどんな鍋かと思ったら、水の替わりに日本酒で煮込むものだ。菊水ふなぐちか安い煮込み酒か、どちらに酔ったのか定かではないが、翌朝全員が頭を抱えて起きてきた。曇天ながら寒さはそれほどではないから、期待が膨らむ。前日買った秘密兵器のネオプレーングローブが出番を待つ。

ＪＲ学園都市線の札的駅脇の線路を渡って山側へ入る。身支度を整え、葉が落ちた林で見通しの良い林道を歩く。周囲は既に晩秋の風情が漂い、この時季に沢登りができることに自然と笑みがこぼれだす。途中には台風の影響で風倒木が数本ある。二の沢出合いまで林道らしき跡が続く。

札的沢三の沢左股～861m峰

隈根尻山
樺戸山
890
861
844
最後10分のきつい藪漕ぎ
浦
町
気の休まる暇はない
登りが続く
490二股
30mの大滝がある
六の沢の下りも
面白いので、全くあきない
札的沢
420二股。
左本流、右が三の沢
240二股。
右は一の沢
二の沢
鳥越山

直登不能な 10 m の滝は大高巻きする

薬

先頭を行く**栗さん**が二の沢を行こうとするのを制して本流に下りる。水の冷たさを感じないのはネオプレーンソックスを二重に履いているからだ。３０ｍの大滝にぶつかる。轟々《ごうごう》と飛沫を上げて落ち込む様は迫力十分だ。固定ザイルを使い右から巻き気味に上がるとその先で４２０の三の沢出合いに着く。三の沢に入ってすぐの３ｍの滝にもザイルが設置してあった。

両岸が枯草に囲まれた沢を行くと４８０で１０ｍの直登できない滝が出る。左手前から高巻くが泥壁で気が抜けない。バイルがあっても苦労する。**山ちゃん**が先行し我々はザイルを待つ。４９０二股から先は左右どちらも魅力的だが、８６１ｍ峰に上がる左を選んだのは天候と帰りの時間を考えたからだ。

程なく５ｍの滝が現れると、次に左からの枝沢を見てすぐに二股に出合う。左にはスラブ状の滝があり、右には１０ｍの直瀑が人を寄せ付けない。右手前から小尾根に取り付き高巻くが、１０ｍと思った滝は二段３０ｍの大滝だった。５０ｍ上がってから急斜面をトラバースするが、疎林もあって肝が縮む。

先行の**栗さん**がザイルを張ってくれたお陰で無事滝上の沢床に降りられたが、ここだけで三十分もかかってしまう。地図で見る限り実にちっぽけな沢だが、これほど困難な、興奮を覚える沢だとは望外の喜びだ。いつのまにかどんよりした空から落ちてきた小粒の涙が四人をぬらす。誰一人それを気にする素振りを見せない。沢中毒に付ける薬は見当たらない。

さてどうしものかと思案中

易しい滝でも濡れないように脇を行く

大袈裟

沢全体に言えるのは左右の岸が狭く、急斜面な上にバイルの食い込みが悪い。高巻き自体が困難なことだ。６３０で幅５０㎝８ｍの直瀑に出合う。左手前から大きく高巻いて、先行の**山ちゃん**がザイルを出す。沢床への下降も３０ｍザイルを使う。７００で水が切れると、２ｍのルンゼっぽい登りに人それぞれ苦労する。

下りの滝も迫力満点

８００まで続いた沢形から藪に入る。夏ならうっとおしいが、この時季なら快適極まりない。涸れ二股が二つ出てくるが左、左と選択し、最後は十分の猛烈な笹藪漕ぎで平坦な８６１ｍ峰に到着する。峰というには大袈裟過ぎると言われそうだ。

着た切り雀

動いている時は感じなかったが静止していると寒さが襲う。縦走路に腰を下ろして野菜団子入りのラーメンで暖を取る。にんにくの欠片《かけら》を入れると一段と風味が増す。四人の登山者が樺戸山方面から縦走して来るが、静かな稜線には変わりはない。帰りは六の沢からにする。

樺戸山方面に五分程下りたコルから適当に藪を漕ぐ。７５０で８ｍ、７００で三段２０ｍの滝を懸垂で降りるが登るなら結構な難易度だ。５６０で本流に出合うまで一時間二十五分を要する。

二の沢出合いまで戻った辺りから雨足が強くなり、車に着いた時には本降りになる。着替えるのもままならず、着た切り雀で札幌へ走る。車の暖房を最大にしても震えはすぐに止まらなかった。

おまけ

一の沢、三の沢、六の沢、本流とバラエティーに富んだルートは面白さと難しさが同居し遡行意欲を高める。いずれにしてもバイルは必携の沢だ。

Data
2004・11・3◉7時10分C133林道P～10時55分844m峰12時15分～南尾根～14時20分林道P

Map
2.5万図　「浦臼」・「ピンネシリ」

Member
こざる・gan

札的沢三の沢右股から８４４m峰

トラブル

小雨の天気予報にちょっと気後れするが、沢シーズンも最後かと思うと矢張り行かないわけにはいかない。一一月を回っても尚、沢に執着する理由とは何なのか。自問自答が無駄なことはわかっている。待ち合わせの当別のコンビニに着いたら愛車カローラの電気が消えない。このままだとバッテリーが上がってしまう。かといって修理するには時間が惜しい。とりあえずバッテリーを外して消耗を防ぎ、**こざる**の車で出発する。

札的内沢林道は通い慣れたが、いつもの駐車位置より少し奥まで行って回転させようとすると、今度は前輪がぬかるみに埋まる。前輪駆動だから幾らふかしても深みにはまるだけだ。そのままにして取りあえず沢登りに出発するが、朝からトラブル連発には頭が痛い。

名　義

入林届には私の名前ばかりが目立ち、まるで私名義の沢のようだ。予報に反して時折太陽も顔を出し、滅入った気持ちも前向きに変わる。

今日は三の沢の右股を詰めて８４４m峰へ上がる計画だ。４２０から三の沢へ入ると、すぐのゴルジュは手足のツッパリで越える。４８０の滝１０mは2日前に左手前の泥壁を苦労して登ったところだ。

周囲を見渡し今回は右からの大高巻きを試みる。下から見ると木々を伝って何とか行けそうに思える。３０m程緊張した登りが続き、最後が疎林でもう一歩に躊躇する。

於札
600
700
844
5分の軽い藪漕ぎで
夏道に出る
樺戸山
861
890
浦
臼
町
660二股
尾根沿いに厳しい
藪下降が続く
490二股
500
550
420二股は右に入る
札的沢
784
654
二の沢
鳥越山
668.6
550
0
500
1000m
国土地理院2万5千図の185%
N
札的沢三の沢右股～844m峰

左右は切り立った崖になり、戻るか進むか逡巡する。滝の右横にバンドが見えて、登り返しを覚悟で懸垂下降すると、これが正解だった。僅か１０ｍ上がるのに二十分費やすのも札的沢たる所以だ。

しかし次回来た時にも左右どちらから高巻くかは大いに迷う。どちらも私にはビビるところだ。

踏み台

４９０二股から右は初めてのルートだ。平凡な歩きが続き、小滝が幾つかあった位でブタ沢かあ、と思いかけたら６０５で１０ｍ弱、幅３０㎝の直瀑が現れた。左右どちらも簡単には高巻けない。僅かに左からが緩そうに見えた。バイルを打ち込み、頼りない草付きを必死に掴んで滝上に回り込む。６６０二股を左に入るとすぐ３ｍの滝だが手掛かりが少ない。私の肩を踏み台にして**こざる**が先行し、ザイルをもらう。

７００手前で水は切れ、後の分岐は本流らしき方を選ぶ。最後左右どちらとも判別つかない二股は勘を信じて右を取る。

急な泥壁を息を切らして登るが、さっぱり高度を稼げない。フェルト底の沢靴では滑って仕方がない。十五分掛けて登り切り、五分程背丈の低い笹薮を漕ぐと８４４ｍ峰の西１０ｍの縦走路に飛び出る。

脱出依頼

携帯電話からＪＡＦへ車の脱出依頼の電話をかける。大体の下山時間を伝えるが場所の特定に一抹の不安を感じる。ラーメンを食べていると七人の登山者が樺戸山方面からやって来る。

紅葉が見事だ

　下山は８４４ｍ峰から南に伸びる尾根を使うことにする。地図上では二の沢出合いまでは続いている。下りとは言え、藪の状態次第で時間も変わる。密度の濃い潅木を掻き分けるのに、後ろの**こざる**の口数も減る。半ば強引に突き進み一時間半で二の沢に出合うと顔や腕には名誉の生傷が無数にある。

　車に戻り四十分待っていたらＪＡＦがやって来た。僅か数分の作業で車は無事に脱出する。当別に戻り、この日二度目のＪＡＦの世話になる。電気系統の故障だから現場では何もできない。バッテリーを再び繋ぎ札幌の修理工場へと車を走らせる。沢を楽しみ、車に振り回された一日が暮れて行く。

Data

2004・10・10●8時35分C133林道P～
9時5分一の沢出合い～11時50分844m峰12時40分～
13時10分樺戸山13時20分～札的沢本流～
16時45分林道P

Map

2.5万図　「浦臼」・「ピンネシリ」

Member

山ちゃん・栗さん・こざる・gan

札的沢一の沢左股から８４４ｍ峰

嗚《お》咽《えつ》

前日は南日高の十勝岳をニオベツ川から上がって来たから皆疲れが残っている。のんびりと札的沢一の沢でもやろうかと提案すると即決する。

一の沢に行くのは数年振りだ。以前は右股を素直に詰めたが、記憶がかなり曖昧になっている。砂防ダムが矢鱈《やたら》多いのと短いながらも結構な難しさだったのが断片的に頭に残る。１３３から先は林道の状態悪く、そこに車を停める。

錦秋の雰囲気漂う林道を三十分歩いて２４０の一の沢出合いに着く。出合いには本流と一の沢のどちらにもダムがあるが、これは手始めに過ぎない。３７０まで僅かの間に一四個もの砂防ダムが連続する。枝沢みたいな一の沢の沢音が、嗚咽にも似て響いてくる。並の体力ならダム越えだけで消耗してしまうとは大袈裟な話ではない。

沢自体はうっとおしい感じだ。石もツルツルとよく滑るから油断がならない。秋だからいいようなものだが、以前来たのは盛夏だったから草が被さり、虫も多く、余りいい印象は残っていない。

消極さ

３７０分岐は左右の水量が同じだ。右は経験済みだから今回は左を取ってみる。４６５で四段１５ｍの滝が出てくる。三段目がちょっと微妙で神経を使う。４、５ｍの滝を幾つか越えると６５５でフェース状の１５ｍが現れる。流石にここを確保無しには登る気がしない。

石が滑り易いのが消極さを増す。周囲は急な岩壁で唯一行けそうなのは右からだ。

札的沢一の沢左股~844m峰・樺戸山890m
844m峰
最後は20分あまりの
藪漕ぎだ
861m峰
樺戸山
890
厳しい高巻きが
何箇所かある
浦
臼
町
六の沢
三の沢
370
砂防ダムの多さに
いやになる
本流も中級レベル
の滝が多い
札 的 沢
·784
·654
240二股
二の沢
鳥越山
668.6
700
600
550
500
550
0
500
1000m
国土地理院2万5千図の170%
N

水量は少ない沢だ

バイルを突き刺しながらも、一瞬たりとも気が抜けない。最後の取り付きも岩がボロボロで、トップの**山ちゃん**が苦労しながら何とか突破する。ここだけで三十分も要する。沢床から５０ｍ上がって太い笹薮をトラバースして滝上に降りる。

石狩平野

高曇りだから視界は利いた。振り返れば石狩平野のあちらこちらから、野焼きの煙がたなびいている。夕張岳、芦別岳、十勝連峰が黒いシルエットとなって、墨絵の世界が展開する。

７００分岐の水量は同じだ。一旦左に入ってからトラバースして右に入る。二十分余りの枯草漕ぎで稜線に上がる。８４４ｍ峰までは五分程だ。

夏道にどっかと腰を降ろしてラーメンタイムだ。毎回カレーラーメンでは飽きるだろう。ソーセージ、玉ねぎ、葱の具沢山の醤油味にする。

涸れ滝に近いが良く滑る

隈根尻山方面の稜線

時計は十二時を回っている。始めは三の沢右股を途中まで降りて、左股から８６１ｍ峰へ登り返そうと思ったが、日暮れの早さが自重させた。樺戸山まで縦走し、本流を下ることにする。初めての本流だがこれが大当たりだ。

懸垂三昧

樺戸山から南稜線を５０ｍ下り、そこから適当に本流に向かって下降する。急斜面の草付きに神経を使う。暫くは面白くもない沢相だ。７４０で左から沢が入る。

６１５からいきなり核心部の始まりだ。４ｍの滝を懸垂で降りると５６０で左から六の沢が合流する。５３０で幅が狭い６ｍをまた懸垂だが、登るとなると相当苦労しそうだ。５２０で二段１０ｍ、４５５の１

間もなく紅葉も見納めだ

０ｍも懸垂するが、登りならば右岸の高巻きになる。３８０の３０ｍ大滝は設置ザイルが左岸にあるから利用する。そのすぐ下には２０ｍ二段もあって、滝三昧、懸垂三昧の下りが終わる。

天然ボケ

それにしても沢合いに続く見事な紅葉にはしばしば足を止められる。５００辺りで**こざる**が足を滑らせ腰を打つ。磨り減ったフェルト底には辛い石だ。

本流を下ってすぐに真面目な顔して**こざる**が言う。「一の沢登って良かったわ。本流だったら水濁って飲めなかったね」。一同「……」。何のことない源頭から清流を濁らせているのは私達だ。沢のレベルは発展途上だが天然ボケにかけては既に一流の域に達する。

３００で最初のダムが現れる。一〇個以上のダムを下って一の沢の出合いに着く。午後四時を回っていた。予定を変えて正解だったと安堵する。一の沢の登りも期待を上回ったが、本流の下りはそれを遥かに越えていた。札的沢は沢屋の為にあるのだろうな、きっと。

Data
2004・9・11〜12◉11日10時22分C35第一旭橋〜14時30分C330C1　12日5時10分〜9時30分山頂9時55分〜14時C330C1
14時55分〜17時55分第一旭橋

Map
2.5万図　「雄冬」・「浜益」

Member
山ちゃん・栗さん・こざる・gan

幌《ほろ》小《お》川《がわ》から浜益岳《はまますだけ》１２５８m

**北海道には原始性溢れる山が多いが、
旧浜益村周辺の山もまたその典型である。
黄金山に夏道はあるが、浜益岳を始めとして
浜益御殿、群別岳、雄冬山など積雪季か、沢からしか登れない。
山頂からの展望はすこぶる良く
特に群別岳の鋭い山容には魅了される。**

悲鳴

何度か浜益岳には登っているが春先の残雪季ばかりだった。沢からはアプローチが長いから天候の安定した二日間でなければならない。沢中でのキャンプがまた楽しみで、計画の段階で既にアドレナリンが出っぱなしだ。

旧浜益村幌地区の幌川沿いの林道を国道から入るとすぐに第一旭橋があり、そこが入渓地点となる。風倒木があちこちにあり、つい先日の台風の影響はここにもしっかり表れて歩き難い。大量にビールと酒を担いだから、背中のザックが悲鳴を上げる。

沢は若干増水気味だ。石伝いにポンポンと飛び歩く訳にも行かず、慎重に歩かざるを得ない。何処までも単調な面白くない歩きが続く。高度獲得だけが唯一の楽しみなのに数字はさっぱり上がらない。

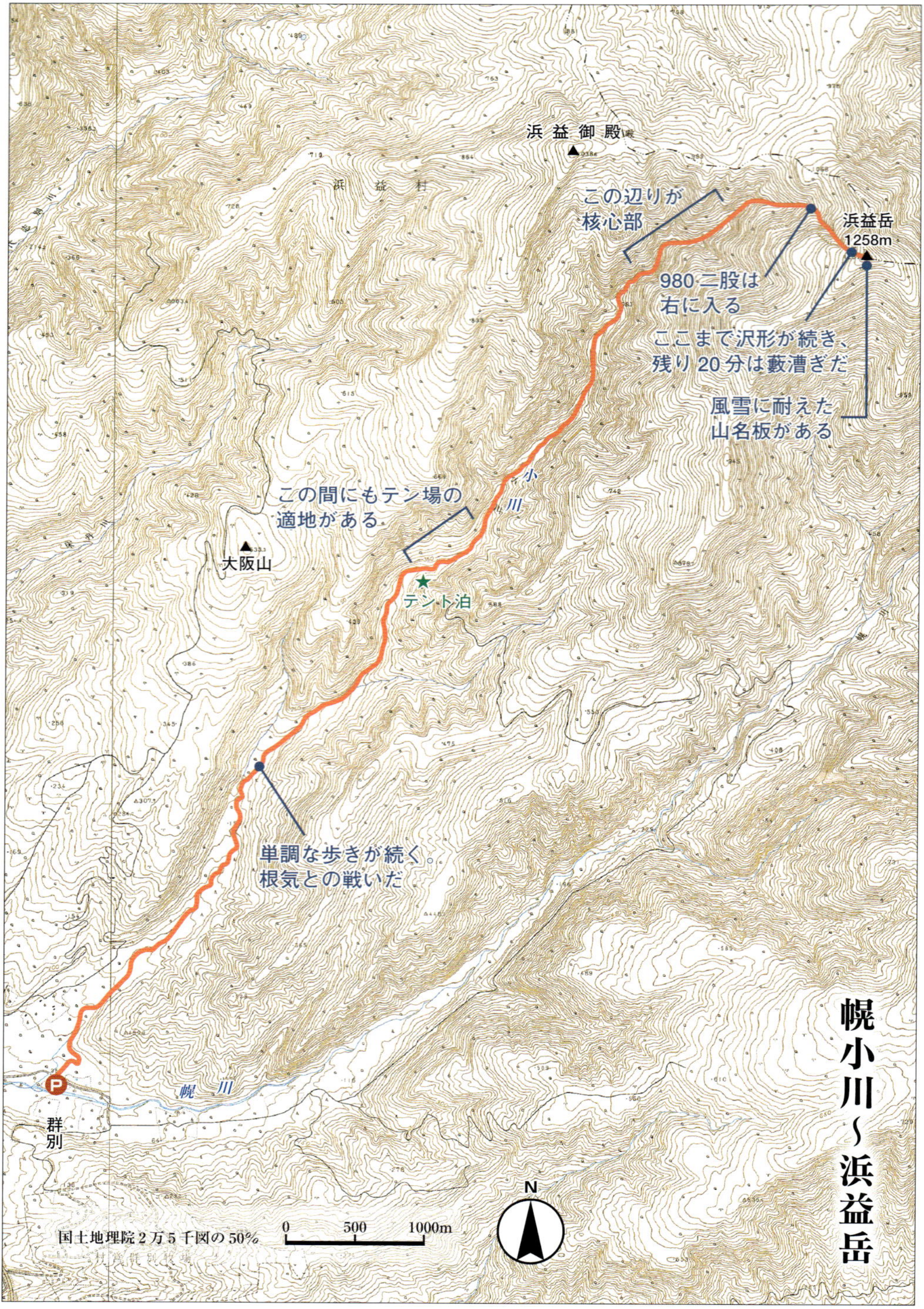

浜益御殿
浜益村
この辺りが
核心部
浜益岳
1258m
980二股は
右に入る
ここまで沢形が続き、
残り20分は藪漕ぎだ
風雪に耐えた
山名板がある
小川
この間にもテン場の
適地がある
大阪山
テント泊
単調な歩きが続く。
根気との戦いだ
幌川
群別
N
0 500 1000m
国土地理院2万5千図の50%
幌小川～浜益岳

焚き火を囲めば酒がすすむ

C100辺りから300まで左岸に踏み跡が付いているが、ところどころは藪状態でここも倒木が行く手を遮る。今日は適当なところで泊まるだけだから気楽なものだ。

班編成

始めは400付近まで行ってからテン場を探そうと考えていたが、310で左岸に平らな適地を見つける。まだ時間は十四時過ぎだが酒呑み達の意思はすぐにまとまる。結果400までの間に幾つか適地はあった。

何はともあれ先ずはビールで乾杯と500缶四本が一気に空く。のこ、鉈、ナイフを使い笹を刈って整地が終わると、テント設営班と流木収集班に分かれる。大量の流木が集まって、夜が来るのが待ち遠しくてしょうがない。炊事係の私と**こざる**はカレーうどん作りに励むが、手を休めて呑んでいる時間が遥かに多い。

宴

河原での大宴会は粛々と進んでいく。それを煽るように燃え盛る焚き火の炎は、周囲の闇を赤々と照らし出す。聞こえるのは沢の流れの不規則音と四人のロレツの回らない話声だけだ。

栗さんはどんなに酔っても根アカな親父だ。焼酎好きの**山ちゃん**は酔うと、んだ、んだ、と頷く癖を見る度に私は笑いを堪《こら》えている。ワイン好きの**こざる**もご機嫌この上ない。既に七時間近く呑んでいる。呑んだ割合を巡って意見が割れるのは、酔いが相当回った証拠だ。明日の山頂用にビール一缶だけ残し、二十二時にはシュラフに入るとあっという間に四時を迎える。

残ったうどんを食べて五時過ぎにテン場を出る。山頂まで四時間をタイムリミット

迫力あふれる大滝は人を寄せ付けない

未知の滝が次々出てくる

にしたのは明るい内に下山したいからだ。また単調な歩きが続くが、ザックが軽いから昨日とは足の運びが全く違う。

635で初めて滝らしい滝に当たると、ここからが沢の核心部だ。10mの滝を左から上がると700で15mの大滝に出合う。左岸からも高巻けそうだが安全を期して右岸から大きく高巻く。程なく10m弱が二つ続くが左寄りを慎重に登る。820からは赤い岩盤の滑が2、300mも続き、遡行の喜びがフツフツと湧き上がる。

暗　黙

970で左から枝沢が入ると980で二股となる。右への水線を選ぶとすぐに涸れ沢となる。九時が近づき登頂か撤退かの決断を迫られる。誰もそんな気配を見せず、黙々と先頭の私の後に続く。1040で体力が心配な**こざる**のザックをデポするのは、山頂アタックの暗黙の了解だ。1200まで沢形が続くと九時十分に藪漕ぎに突入する。男三人で先頭を交替しながら二十分格闘の末に遂に浜益岳山頂に立つ。風

下りでは何回か懸垂がある

苦労して着いた山頂は暖かい

雪に耐えた山名板が味わい深い趣を醸し出す。

　嗚呼、極上の眺めとはこのことだろう。利尻山が海原にぽっかり浮かんでいる。群別岳がその先鋭的な頂を誇示すると、暑寒別岳は正反対のドンと構えた山頂を見せる。

魚卵

　いつもは山頂で作るラーメンも止めて、形ばかりの登頂祝いだけで早々に下山する。この時点で下山時刻を十八時頃と予想する。懸垂下降を三回したが、一回目は軍手を滝上に忘れて登り返し、二回目で全身にシャワーを浴びるが日差しがあったから我慢の範疇だ。

　沢床が凹んだところには魚卵が二個あった。尺はありそうな魚影をあちこちで見かけ、流石にこんな深山までは釣り人も来ないのだろうと、無事な姿に安堵する。

　テン場まで四時間かかった。テントを畳んで歩き出したのは十五時近い。全員の疲労は相当なものだったが、暗くなる前に着かねばと休憩も取らずに黙々と歩く。先頭を**栗さん**に歩いてもらい、最後尾に私が付く。**こざる**は時折足がふらつき、私も転んだ時に痛めた腰と右膝に違和感があった。

　薄暗くなり始めた十七時五十五分に橋桁を見付けた時には全員が揃って歓声を上げる。誰もが体力の限界だったが、満足感もまた比類なきものだった。

おまけ

技術的には難しい沢ではないが、とにかく遡行時間が長いから体力がないと辛い。二泊すれば余裕を持って行けるだろう。

ポンショカンベツ川から暑寒別岳《しょかんべつだけ》1491m

増毛山塊の中でも最高峰の暑寒別岳は、
夏も春先の残雪季も登山者が絶えない。
初夏の山頂付近では、百種類もの高山植物が咲き乱れる。
ポンショカンベツ川からは、日帰りができる貴重なルートだ。
中級者でも十分な満足感を得られるだろう。
体力があれば、雨竜湿原への縦走も可能だ。

暑寒荘での宴会の何と楽しいことか

Data
2004・9・26◉5時15分暑寒荘～
7時50分C776分岐～11時10分山頂12時55分～
14時35分暑寒荘

Map
2.5万図　「暑寒別岳」・「暑寒沢」

Member
山ちゃん・栗さん・こざる・gan

利き酒

日高の沢中一泊の予定が金曜の雨で変更になる。さて行き先をどうしようかと思案したらポンショカンベツが浮かんできた。七月に単独でやった時には、残念ながら核心部の776からのほとんどが残雪で埋まっていた。二五日は移動だけの気軽な一日だ。昼下がり当別に集合し、岩尾別温泉で、かいていない汗を流す。

増毛方面に行った時には、国稀《くにまれ》酒造に立ち寄るのがいつも楽しみだ。運転手を**こざる**に指名して、野郎どもは利き酒に現《うつつ》を抜かす。したり顔をしているが、味の違いがわかる程の繊細さは誰も持ち合わせていない。

登山口の暑寒荘で十六時前から始まった登頂前祝いは、チゲ鍋の美味さも加わり延々と続く。宿泊は二組だけだ。銘酒国稀を呑んだ私が二十時頃にダウンするのはい

暑寒荘
ポンショカンベツ川
0 500 1000m
国土地理院2万5千図の70%
N
長い夏道歩きは根気がいる
776までは単調な
川原歩きだ
箸別川
箸別ルート
増毛町
776二股
この間は中級レベルの
滝が続く
水量が意外に多い
枝沢が入る
箸別ルートとの分岐
暑寒別岳
雨竜湿原への縦走路
ポンショカンベツ川
～暑寒別岳

直瀑は左の沢から大きく高巻く

776から一気に核心部へ突入する

つものことだ。他の三人がどれだけ呑んだかは翌朝の顔を見れば誰でもわかる。

三時過ぎに目覚めて外に出ると空には満天の星が輝き、今日の遡行を祝ってくれる。嗚呼、あれが金星かと覚えたばかりの一際目立つ光を見つめる。心配していた増水も問題ないようだ。五時十五分に小屋を出る。沢沿いに五分歩いて入渓する。

気　合

７７６の分岐まではひたすら単純な河原歩きだ。山頂から北西に伸びる尾根に朝陽が当たり、紅葉が一段と映える。水の冷たさは感じない。右や左から3、40mの絹糸の束に似た滝が落ちると776の分岐は近い。分岐で休憩を取ると急に寒さを感じて、雨合羽を着込んで凌ぐ。

さあ、ここからがこの沢の醍醐味だな、と思うと気合が入る。すぐに釜を持った滝が出てきて難なく通過すると、810で10m弱の滝を左岸から攀じ登り、懸垂で沢床に降りる。840でも10mに満たない滝だ。三名は30m手前から左壁を高巻くが、私一人は直近からバイルを使って乗り越える。

965で右から顕著な枝沢が入るが、読図の限りではこれほど水量があるのは意外な感じだ。970で五段60mもの滝が出てきて興奮度は最高潮だ。975で左から小沢が入る。

本流は直瀑で滝口から天空が顔を出す。七月に来た時は雪渓からの取り付きに苦労したところだ。振り返れば紺碧の日本海に天売、焼尻の島が浮かび、うっすらと見えるのは利尻山だ。視界に入る雄大な景色をしっかり脳味噌に焼き付けながら、暫し歩みを止める。

選択ミス

975は左の小沢を上がって本流に乗っ越そうとしたが、そのすぐ上にも直登不能な10mの滝があって、二つをまとめて高巻く。先行した**山ちゃん**の勘が冴えて、二つ目の滝上にピタリと着地だが、ここだけで二十分余りも費やした。

1050二股は右から30mが、本流の左は二段40mの滝になり、中間から登って本流へ越す。1170の滝10mを右から上がるとすぐに二股となり、左は水量が

ポカポカ陽気の暑寒別山頂

日本海をバックに途中で小休止

豊富だが右は涸れている。右を取って進むと1240でまた二股だが、ここで迷う。左を取ればガレ場経由で山頂北の夏道に早く抜けられたが、右を取ったため狙いとは違い北西の尾根に上がる。幸い薮漕ぎという程のものもなく、夏道に抜けると山頂まではすぐだった。

包囲網

最近の山頂では珍しい位の登山者で賑わう。先々週登った浜益岳も、群別岳も、十勝連峰までもが視野に入る。

カレーラーメンで満腹になり、そろそろ下山しようとした時だ。隣のグループから話を聞いた**山ちゃん**が「隣の人達、運転手だけ登山口に戻り、他は雨竜湿原に縦走するみたい」とボソっと語る。「いや、それはいいなあ……」「エヘへ……」**栗さん、こざる**の反応で包囲網はすぐに出来上がる。追い込まれた私になすすべはない。

途中で休憩も取らず一時間四十分で暑寒荘に着く。

大回りして雨竜湿原登山口で待つこと三十分で満足しきった三人が下りて来た。〝身を捨ててこそ浮かぶ瀬もあれ〟〝情けは人のためならず〟昔親父に習った格言が頭を過ぎる。

おまけ

776以降の沢の面白さは申し分ない。初級者には確保する場面が出てくる。北向きの沢で雪渓が遅くまで残るから、八月中旬以降の遡行がいいだろう。

Data
2004・7・10◉5時半豊羽鉱山～
12時30分余市岳13時半～16時7分右股川登山口

Map
2.5万図　「余市岳」・「無意根山」

Member
栗さん・gan

白《しら》井《い》川《がわ》本流から余《よ》市《いち》岳《だけ》1488m

余市岳は、札幌近郊では最高峰の山である。
無意根山と同様に、その山容は横綱のような存在感がある。
一年中四季を通じて多くの登山者が訪れる。
夏道は、赤井川村のキロロスキー場からと、定山渓奥の白井川右股川の二つがある。
沢は白井川本流と白井川左股川からが楽しめる。
面白さなら断然本流詰めだが、丸一日を要する。

贅《ぜい》沢《たく》

余市岳に夏道から上がったことはない。雪のあるシーズンに国際スキー場からは朝里岳経由で何度も上がった。一度豊羽鉱山から千尺高地に上がり稜線伝いに行って、国際スキー場まで抜けたこともあるが、距離が異常に長いから人には勧められない。本流からの登頂は数年前から狙ってはいたが、行きたい沢が多過ぎて、つい後回しにしていた。暇があれば毎週でも山三昧の**栗さん**を誘うと、喜々として返事が来るのは予想通りだ。

札幌市南区は二十一時までは曇り予報だ。高曇りの中、豊羽鉱山へ向かう。高台にある選別場手前から右岸沿いの道を行く。程なくブッシュに覆われて５５０付近で適当に沢身に降りる。沢は濁り気味で上流の雪渓のせいか増水も僅かに見られる。

すぐに函が現れるが難なく通過すると、その後も函や滝が断続する。雪渓が残る下

白井川本流～余市岳

少し増水気味の滑が続く

次々と釜が現れる

赤井川ルートとの
夏道分岐
『山の道を考える会』
で笹刈りした、白井
川右股ルート
余市岳
1488m
1095 二股
藪漕ぎに一時間半
以上は見ておきたい
960 三俣は左を進む
860 二股は水量
1：3で右が多い
この沢からも行けるが、
最後の詰めがわかり難い
毒矢峰
白井川
左股川
南岳
630 二股は左右とも滝だ
入渓地点
定山渓
白井川
豊羽鉱山
元山
美比内山
赤井川村
N
国土地理院２万５千図の60%
0 500 1000m

鮮やかな黄色の花はウコンウツギだ

をビクビクしながら通過すると、七つ八つの釜に次々出合う。二人の歓喜の声が谷間に木霊《こだま》するのは獣達にはさぞ五月蝿《うるさ》いことだろう。ヌビナイ川の七つ釜にはスケールでこそ及ばないが、ミニ版位にはなりそうだ。大都市札幌にありながら野趣満点な沢登りができるのは、何と贅沢極まりないことか。

期待外れ

６３０二股は右から１０ｍの滝が入り、左は三段１５ｍが爆音をたてて落ち込む。７００辺りから黒い苔が石を覆い、その滑ることといったらない。転ばないようにと細心の注意を払いながらだから時間を食う。と同時に流れが平坦になり、分岐が多くなって確認にも時間が掛かるが、ほとんどは上で合流する。

８６０二股は左右の水量が一対三で右を取ると、次の９６０三俣は本流の左を進む。１０１０で右から勢いのある枝沢が入り込む。１０９５二股はどちらを取っても余り変わらないように見えるが、ここは左を進む方が少しは藪漕ぎがましかと決め付ける。

それにしても山頂用にと期待していたキトピロがさっぱりないのにがっかりする。ではと、やちぶきを少々いただ

ザリガニに歓迎される

いてラーメンの具を確保する。

タイトル

１１００から１２００にかけて雪渓が沢を埋め尽くす。どんづまりの涸れ二股を右に入ると程なく藪に突入となる。気持ち右寄りに詰めたため山頂西コルの少し上の稜線に上がるが、ここまでは笹藪が行く手を阻んだ。踏み跡を探すが見つけられない。適当に頂上を目指すが這松が覆い被さり、それまで大休止を取っていないこともあって、疲労が一気に増大し困難を極める。プロトレックに付いている高度計を眺める頻度が増えるのが、置かれた状況を説明する。栗さんと交互に先頭を務めながら、涸れ二股から山頂まで一時間四十分もの悪戦苦闘は続いていた。

今にも泣き出しそうな曇り空の下、誰もいない山頂だったが二人の満足感にはいささかの影響も与えない。がっちりと手を握り合った姿には「やり遂げた男達！」のタイトルを勝手に付けた。やちぶき入りラーメンはキトピロ入りには敵わないが、取り合えずお腹を満たすには十分だった。

〇二年に『山の道を考える会』で笹刈りした白井川右股川の登山道には、歩いた形跡が少なかった。途中食い荒らされた蕗の葉が散乱し、新鮮で大きい糞が俺の庭だと自己主張している。地主に届けとばかり、私の雄叫《おたけ》びは一段と高くなっていく。

おまけ

技術的には大変なところはないが、中級者でも十分に楽しめる。問題は最後の藪漕ぎでの体力だろう。紅葉の頃にもう一度遡行してみたい沢だ。

焚き火はキャンプの楽しみの一つだ（ヌピナイ川右股川 790）

いい湯だな、ならぬいい水だな（エサオマントッタベツ川）

日高の沢

山での出逢い

それは九四年九月四日のことだった。北戸蔦別岳《きたとったべつだけ》に泊まり、未踏だったピパイロ岳までの稜線をピストンした。ピパイロ山頂で伏美岳から上がって来た、道南訛《なまり》のある年配の男性と、暫し日高の山と沢の魅力を語り合う。山を始めて間もない彼は、貪欲なまでに日高のことを聞いて来た。

時は流れる。数年後、函館のマラソン仲間の紹介で、山好きな**グチパパ**と知り合い懇意になる。その後彼を含めてＨＹＭＬが発足した。

ある時メール上でピパイロ岳が話題になった。**グチパパ**が初登頂だった時、山頂で地下足袋履いた沢好きと一緒になったと書き込んだ。私は古い手帳を開いた。確かにその日ピパイロ岳山頂に私は足跡を残していた。彼のホームページ「一人歩きの北海道山紀行」にはその顛末《てんまつ》が記されている。

山の世界は本当に狭い。山で得た仲間は私にとって欠くことのできない財産となっている。

Data
2005・6・25◉6時半C631千呂露林道北電ゲート～7時11分取水ダム入渓～9時35分C1014分岐～12時15分1790m峰～13時40分チロロ岳14時35分～18時夏道登山口

Map
2.5万図　「ピパイロ岳」・「ペンケヌーシ岳」

Member
洋ちゃん・山ちゃん・栗さん・こざる・gan

千呂露川《ちろろがわ》1014左沢から1790m峰・チロロ岳《だけ》1880m

北日高の中でも、一般登山者に人気のあるのがチロロ岳である。本峰の隣に西峰が聳え、特に西峰は高山植物が咲き乱れる。沢からのルートだけでも、五、六本は楽しめるバリエーションの豊かさは、沢屋には宝の山だ。
千呂露川から西コルへの左沢は、簡単で下りでも使える。

沢日和

週末は道南の沢を予定していた。土曜はまだしも日曜は雨の確率が高く、日高の日帰りに変更する。

チロロ岳への沢はパンケヌーシ川曲がり沢、五の沢右股、千呂露川右沢と経験しているが、稜線東の1790m峰への沢もいつかはやろうと狙っていた。このルートの情報は全く無いから時間もどの位かかるのかわからない。地図を見る限り早くから沢形が尽きているから、藪漕ぎ次第で丸一日は覚悟する。初めての沢への不安よりも、未知なるルートへの高揚感が押さえられない。

早朝JR室蘭本線の川端駅で栗さんを拾い、旧日高町千栄《ちさか》からの林道を走る。千呂露川631二股の北電ゲート前に車を停める。抜けるような青空が谷間いっぱいに広

千呂露川1014左沢~1790m峰・チロロ岳
国道から11kmでゲートに着く
曲リ沢
二ノ沢
五の沢本流はルベシベ山に至る
5の沢右股
この沢からも登れるが藪漕ぎが長い
この沢からも詰めて行ける
沢に沿った一般的な夏道コース
チロロ岳
1880m
1790m峰
雪がないと藪漕ぎが大変そう
這松漕ぎに苦戦する
適度な滝が続く
高山植物が見事
1373m峰
チロロ西峰
下りでも使える易しい左沢
右沢の面白さは左沢より遥かに上だ
1014
この沢を詰めて1373m峰へ行ける。難しいところはない
三股沢
右沢
左沢
三俣
1967m峰ピパイロ岳へ向かう沢
日高町
入渓地点
千呂露川
810二股
1857m峰への沢は上に近い中級レベルだ
車止めゲート
二岐沢
1857m峰
国土地理院2万5千図の50%
0
500
1000m
N

林道を40分歩く

取水ダム脇から入渓する

がり、気温も高いから正に沢日和の一日になりそうだ。足取り軽く取水ダムへ向かう先にはチロロ岳西峰が微動だにせず空中高く立ち尽くす。

取水ダムから入渓し、左岸に渡ると踏み跡がある。十分も歩けば、右岸高くからすだれ状の見事な滝が垂直に落ち込んで、いつものことだが暫し見とれてしまう。

思い出

再び右岸に渡渉する。若干増水気味だが、流れはあくまで清く正しい。踏み跡を辿り８１０の分岐に差し掛かると、五、六年前の強烈な記憶が蘇る。

千呂露川の右沢からチロロ岳に上がった時だ。山頂から見た、向かいの白い沢筋が８１０からの右沢だった。千呂露川を挟んで南の１８５７ｍ峰へ直登しているその沢から、更に稜線を繋げば１９６７ｍ峰へ上がれるなあ、と漠然と考えた。

夏の盛り、朝三時から北電ゲートを歩き出した私は８１０右沢の後戻りできないような急勾配の滝を登り詰め、人跡の香すら全くない１８５７ｍ峰の頂に立った。周囲はガスって何も見えないが、山頂の僅かな空間の下では可憐な白い花が私を迎えた。長居はできない。強烈な這松の稜線を伝って１９６７ｍ峰に抜け、北戸蔦別岳経由で６３１の車に戻ったのは十五時間後のことだった。札幌まで運転する気力はなく、そのままツエルトを張り、翌早朝帰宅する。

仕事の済んだ夜再び日高に戻る。翌日は６３１の右股である二岐沢の三の沢から北戸蔦別岳に上がった。怒涛のように落ち込む４０ｍ近い大滝の左岸高巻きに小一時間も費やし、結局十二時間かかって下山する。四十代前半で体力的に全盛期だからこそ

1014からは面白い滝が続く

まだ水は冷たいから脇から上がる

西寄りの尾根に上がり 1790 m 峰を目指す。後ろ中央がピパイロ岳、右は 1967 m 峰

だが、二本の険しい沢を単独でやったのは結果オーライとは言え、誉められたものではない。

屏《びょう》風《ぶ》

右岸踏み跡から再び左岸に渡ると三俣は近い。三俣とは言うもの本流の上下５０ｍの間隔で左へ二本の支流が入る。通称手前を左沢、後ろを右沢と呼ぶ。面白いのが右沢なのは誰にも異論はないだろうが、その分しっかりと最後は藪漕ぎが待っている。

チロロ岳はパーティの技量や体力に合わせたルートを選べる点で正に格好のモデルになる山だ。三俣の先まで続いていた踏み跡は消え、いよいよ沢に入渓する。９２４で右から沢が入る。ここを登れば１９６７ｍ峰やピパイロ岳へ続いていて、体力ルートだが難しいところはない。１０１４の左からの沢に出合うまでは適度に滝もあったが歩き出してから三時間かかる。

ここから１７９０峰へ向かう沢は初めての遡行となる。１１５０までは特に何もないブタ沢だ。以降１４００までが実に多彩な滝が続く。５ｍから１０ｍクラスが次々に現れて、全て直登や脇、少しの高巻きで通過できる。その後は雪渓が沢を埋め尽くし、登るに連れて背後にはピパイロ岳から幌尻岳までの稜線が屏風の様に横たわる。

二　手

１６００付近からは雪渓を求めて１７９０ｍ峰の南尾根寄りからトラバース気味に稜線へ向かい、最後十分の藪漕ぎでピークから僅かに東の稜線に上がる。初めて踏んだ１７９０ｍ峰は小さな峰に過ぎないが万感の思いが胸に募る。

チロロ岳へ向かう稜線の這い松漕ぎが手強い

チロロ岳を背景に 1790m 峰にて

記念撮影を済ませると、背後には黒い雲が広がり出して残された時間は少ない。目指すチロロ岳は大声を出せば届きそうだが稜線の這松漕ぎが実に手強い。沢の途中で枝が刺さり目を傷めた**こざる**がしきりに痛がり、時折立ち止まっては様子を見る。

男四人で先頭を交替しながら出発して七時間十分後にチロロ岳山頂に到達する。この頂に立つのはもう十数回にはなるだろうが、そのほとんどは沢からだ。ラーメンを忘れてきたので、仕方なく途中で採ったキトピロのスープで我慢する。納豆にキトピロを混ぜるとこれがまた馬鹿に美味い。

復路は西のコルから左沢下降の予定だった。**こざる**の目の状態が芳しくなく、三人に予定通りに下ってもらい、私は**こざる**に付いて一般的な二の沢、曲がり沢ルートからにする。下って程なく小雨が降り出す。コルから三時間かけ林道に出る。いつしか雨は中降りになっていた。

迎えの車を待つのもいやで、林道を黙々と歩いていると十九時過ぎにヘッドライトが近づいてくる。ずぶ濡れの体には車の暖房が何よりのご馳走だ。温泉にも立ち寄らず、今夜の宿の剣小屋へと車を走らせた。

おまけ

雪渓の残っていない時季なら稜線までの藪漕ぎに相当な時間を要したことだろう。配車の問題はあるが、チロロ岳に行かないで１７９０m峰から北側の五の沢を降りた方が林道には早く出られる。五の沢自体に難しいところはない。

Data
2005・9・17◉7時C470取水ダム～
ニセクシュマナイ沢～10時15分1347m峰11時15分～
東面沢～13時30分国道274号線出合い

Map
2.5万図　「双珠別湖」

Member
栗さん・gan

沙流川《さるがわ》ニセクシュマナイ沢《ざわ》から１３４７ｍ峰

気になる無名峰というのは数知れない。
有名なところでは、日高の１８３９ｍ峰や１９６７ｍ峰がある。
１３４７ｍ峰も、日勝峠側から見ると目立つ山で、なかなか格好がいい。
日勝峠から狩振岳《かりふりだけ》への稜線上にある１３８９ｍ峰が、
登山界の双珠別岳《そうじゅべつだけ》と言われるのに対し、林業界の双珠別岳と呼ばれている。
沢の距離は短いが、変化に富んで遡行の値は十分ある。
下山で東面沢を使えるのも嬉しい。

天　秤

天気予報は何処も良くなかった。南日高と北日高を天秤に掛けて午後早くに下山できる山を選ぶ。いつかは登ろうと決めていた１３４７ｍ峰が札幌から近くて丁度良い。下りは東面の沢も使えそうだ。

相棒は栗さんだけだから多少の無理は利くだろう。旧日高町から２７４号線を日勝峠へ向けて走り、新しく開通した上滝トンネルを抜けたところが入渓地点だ。車を停めるスペースはたっぷりある。

取水ダム下に流れ込むのが山頂へ南から突き上げるニセクシュマナイ沢だ。沢には風倒木が目立ち、ここにも台風の影響が見て取れる。幸い空は高曇りで気温も高めだ。少なくとも午後までは雨の心配はなさそうだ。何事も都合良く解釈するのんきな二人

沙流川ニセクシュマナイ沢～1347m峰

730付近から見せ場が続く

だ。

思いやり

石は滑り易く慎重に歩みを進める。時折木霊《こだま》する羆避けの雄叫びは果たして主には届いているのか。５ｍの滝が出てくる７３０辺りから、この沢の醍醐味を味わえる。

７５０で左から枝沢が入るとすぐ先で１５ｍの滝が出てくる。これを越えると１０ｍが二本続く。

二本目は落ち口が狭く登れそうにないから右を高巻くと、８００の二股では地図を出す。左右の水量が変わらないから読図をしっかりしなければ迷うところだ。左を取ると８１０で５ｍの滝がヌルっとしていていかにも滑りそうだ。地下足袋が磨り減った私は一挙手一投足に栗さんの倍の時間をかけ慎重に登る。怪我をしないのが、相手への思いやりなのだ。

香辛料

９００二股を右に進むと水がスパッと切れる。９４０の二股で大いに迷う。地図では明らかに左を取るべきだが、沢は右の方が開けている。

一、二度行きつ戻りつを繰り返し、左を行くとすぐ

石に藪漕ぎして間もなく、先程
察していれば何のことは無かっ
漕ぎして山頂へ至るが、ここは
ら南西に伸びる稜線までの酷い
や鹿がいたからだ。１２８０か

初めての山頂は低い笹に囲まれて展望も良いところだ。眺めが実に新鮮に映る。北西に夕張岳、芦別岳が、北に十勝連峰とその奥に微かに見えるのはトムラウシ山か。日勝峠の右にペケレベツがあり、目を更に右に転じると芽室岳、ペンケヌーシ岳にチロロ岳、右奥にはっきりと映るのが幌尻岳だ。

見飽きることのない安息の時間は止まったままだ。三角点がある横には錆びた灯油タンクが、流れた月日の長さを物語っている。

風が当たらず薄日も差してきて寒さは全く感じない。いつものインスタントラーメンが一際美味しく感じたのは、眺めの香辛料が利いていたのかもしれない。

虹

一時間たっぷり休んで下降を始める。東面の沢も初めてだ。適当に藪を降り沢形に入ると急にスピードが鈍る。とにかく石が滑るから危なくて仕方がない。横に笹か潅木でもあれば掴むが、それも少ないから登りの倍は時間を食う。滝も何箇所か出てはくるが、ザイルを出す程ではない。

売上カード

ganさんが遡行《ゆく》

北海道の沢登り

共同文化社

定価2,100円
（本体2,000円＋税5%）

垂直に近い登りは慎重に手足を使う

初めての沢を登りきって満足感いっぱい

すだれのような滝にしばし見とれる

７９０で遂に大滝にぶつかる。落ち口から下を見ると轟々と音を立てて飛沫が虹を作る。

５０ｍはありそうだな、と異口同音に言葉が出る。左岸から大きく巻いて滝下に降りるまで十五分かかる。見上げると滝は２０ｍに過ぎない。５０ｍに見えたのは滝を挟む岩の隙間が僅か１ｍ程しかなかったからだ。

国道までは二時間十五分かかった。距離は僅かだが磨り減った足袋では仕方あるまい。駐車地点まで路側帯を歩いたがトンネルの中で爆音を轟かせるトラックには恐怖を感じる。

三十分余りで着いた途端にポツポツと空が泣き出した。幸運な二人は思わず顔を見合わせて、ニヤっと笑った。

おまけ

東面の沢の方が登りは難しい。とにかく石が良く滑るから、慎重さが必要だ。ニセクシュマナイ沢下降なら何箇所か懸垂が必要だ。

橋を渡らず奥の枝道を行く

Data
2005・6・12◉6時26分北東面直登沢出合い～8時半C820乗っ越し～10時5分山頂11時40分～雲知来内沢～15時30分林道出合い～16時国道出合い

Map
2.5万図　「千栄」

Member
栗さん・山ちゃん・洋ちゃん・こざる・gan

パンケヌーシ川《がわ》北東面直登沢から雲知来内岳《うんちきないだけ》１２４１m

旧日高町千栄《ちさか》にある雲知来内岳は一部のマニアを除き、登山の対象としてその存在は知られていない。「うんちきない」と読む名前が面白い。沢の難易度としては、下りで使った雲知来内沢が高いが、パンケヌーシ川からは難しくはない。

判断材料

国道２７４号線旧日高町千栄から４km程先のパンケヌーシ川に沿ったパンケヌーシ林道を行く。最初に渡る橋に右から入る沢が北東面直登沢となる。橋の手前に少しだが右への枝道があるから、そこを詰めて入渓する。

前日からの予報通り小雨が降っているが、誰も止める気配はない。昔の私なら雨とわかると止めたものだが、最近は時間当たりの雨量が１、２mm程度なら行くことが多い。本州と違い北海道の沢シーズンは限られるから多少の雨は許容範囲だが、沢の長さと流域面積を判断材料にするのは当然だ。誰も何も言わないが駄目なら山菜でも採って帰るかと、雨合羽を着て出発する。

７５０二股までは倒木も多く荒れ気味で、美しい沢には程遠い。山頂へ突き上げる

パンケヌーシ川北東面直登沢～雲知来内岳

パンケヌーシ川
この沢最大の滝
この間
荒れた沢だ
左股に入ってから
右股へ乗っ越す
750二股
雲知来内岳《うんちきないだけ》
迫力満点の下りが
楽しめる
山頂からの見通しは
よくない
国土地理院２万５千図の100%
0
500
1000m
N

千呂露橋
343
千栄
475.5
.560
東山
811.3
.418
.681
.645
.355
.617
雲知来内沢川
日高町
.533.7
.486
千栄
.584
千呂露川
.779
.739
387
.773
559.5
.695
.794

始めは荒れた沢だ

一旦左へ入って途中から右へ乗っ越す

のは右股だが、７、８ｍの直瀑が人を寄せ付けない。５０ｍ程左股を進み小尾根を乗っ越すことにする。疎林でなかなか手強い壁だ。バイルがなければ、もっと上まで行かなければ無理だったろう。

湧き水

右股に降りて休憩する。山頂でのラーメン用にキトピロとやちぶきとこごみを採る。北向きの沢だから、まだ雪渓が多く残る。時に雪渓の上を歩き、時に高巻きながら高度を稼ぐ。九時半に１１００の源頭に着くと湧き水とは嬉しい限りだ。止みかけた雨が藪漕ぎをし出した途端に強くなり、再び雨合羽を取り出す。獣道もあり、笹も薄いから助かった。山頂東ののっぺりした尾根に上がり、源頭から三十五分で雲知来内岳に足跡を印すが、何処が山頂なのか迷うところだ。うっそうとした山頂は、例え晴れていたとしても展望は期待できそうにない。

初登頂という事実だけでいつも感激するものだが、それが雪を繋いで登るより沢詰めで上がるのが遥かに嬉しいのは、単に私が沢好きだからか。何より行程のワイルドさが堪らない。濡れた衣類を着替え、一段下がった斜面にツエルトの屋根を張る。あずましいとはこのことだ。

煮込み

たっぷり山菜の入ったラーメンは瞬く間に胃袋に収まり、まだ足りない。残ったスープの素で山菜を煮込むと、これがまた絶品だ。特にこごみの美味さが飛び抜けている。さて車のことを考えると同じルートを戻ることになるが、西に下る雲知来内沢を選ぶのに誰も異論はない。

往復で別の沢を使うのは、最も贅沢なルート取りだ。適当に藪を下りると、すぐに

源頭にはやちぶきがいっぱい

ツエルトを張った下で山菜煮込みを作る

源頭になる。700付近がこの沢の核心部だろう。4、5mの滝が連続してから15mの大滝がある。いずれも懸垂下降だが、登りに使うと面白さと困難さが入り乱れる。高巻きの大変さも想像に難くない。

タフネゴシエーター

500で右からの沢が合流してからは、距離が長いが歩き易い河原で助かる。十五時半に道路に出ると、国道までは真剣に歩いて三十分かかる。車までは更に7・3㎞はあり、ザックをデポして歩く覚悟はできていた。

洋ちゃんが何やら農家の人と話していると、車に乗って先へ消える。農家の思わぬ親切で車の回収に楽をさせて貰ったが、何と言って頼んだのかは永遠の秘密だそうだ。ずぶ濡れの体が沙流川温泉で生き返る。小雨の一日は充実し過ぎるほどだった。

おまけ

展望は利かないが一度は山頂を踏みたい山だ。北東面直登沢の往復だと下りも難しくはない。春先は雪渓の踏み抜きに注意したい。

Data
2005・10・2◉6時10分野塚トンネル日高側P〜
10時8分山頂11時15分〜1220m峰南西尾根〜
13時57分　トンネルP

Map
2.5万図　「楽古岳」

Member
コージさん・川口さん・山彦さん・こざる・
masumiさん・ロボ・gan

ニオベツ川《がわ》南面直登沢から野塚岳《のづかだけ》1353m

野塚岳は、国道236号線、通称天馬街道の野塚トンネル真上にあり、この辺りに多い双子峰の山だ。夏道がないため、積雪季か沢登りでの登頂となる。南面直登沢は、南日高周辺では、お勧めの沢の一つだ。距離が短い割に、ダイナミックな滝登りが楽しめて、中級者でも十分な満足感が味わえる。ニオベツ川の他、豊似川、野塚川からも登頂可能だ。前者は滝が一箇所だけで初級者、後者は中級者向きだ。

オフミ

インターネット上の付き合いでも、実際に顔を合わせることをオフライン・ミーティング略してオフミと呼ぶ。HYMLは本来ネット上でのやり取りだが、会員同士の山行も毎週のように行っている。年に一、二度は私が主催して初級者対象の沢登りオフミを開いている。

五月の室蘭岳裏沢に続き、野塚岳南面直登沢のオフミには六人が参加を申し込んできた。この沢も紅葉の時季が風情が一段と深まるから、一〇月の第一週に予定する。

前日の天気予報では快晴だというから、自然と頬も緩んでくる。準備をしながらはしゃいでいたのがいけなかったか、前夜の天馬街道は意地悪な雨が続いていた。皆翌

ニオベツ川南面直登沢〜野塚岳

野塚岳
1353.2
西峰
西コル
1331
1252
1223
1116
核心部最大の滝
この間、小滝中滝が息
つく間もなく連続する
920二股
南コル
780三股
1220m峰
1229
野塚トンネル
696
踏み跡がわかり難い
1232
オムシャヌプリまで踏み跡
があるので縦走も可能だ
580二股
665
最後は少しだけ藪下降
P
オムシャヌプリ
（双子山）
1379
1363
オムシャヌプリからの
下りで使う東コル沢
上杵臼大橋
翠明橋
787
632
上二股の沢
国土地理院２万５千図の100％
0
500
1000m
N

920分岐で皆で現在地を確認する

日の沢を諦めたのか、宴会は延々と続いている。二十二時前にお開きにしなければ、いつまで続いていたか知れない。

ガス

　夜中に目覚めると空一面の星だったのが、朝にはガスで山も見えない。六時半トンネル横から河原に降り立つ。思った程沢水は冷たくない。晴れていれば本峰と西峰の間のコルがV字に見えて、その手前には崩落した白いガレが一際目立つ。

　初級者の中には沢が初めての人もいて、いつもよりはゆっくり歩く。580で右から入る沢はそのまま詰めると山頂から南の1220m峰に行くが、ここも遡行の価値は十分ある。小一時間歩いて、730の右岸から入る滝下でラーメンスープを作り暖を取る。

　780三俣の右股を取れば、野塚岳の南コルに上がり、ここも小滝の連続に興奮する沢だ。中股の本流から先にこの沢の見せ場が連続する。**masumiさん**、**川口さん**は初めての沢登りで緊張感は隠せない。

　先頭を任せた**こざる**の後を**masumiさん**、**コージさん**、**山彦さん**が軽快に手足を使って滝を登る。私と**川口さん**、**ロボ**はゆっくりと後から行く。

　920二股は真っすぐ行くと西コルに詰めるし、右は山頂へ直登となる。前者は最後の詰めで苦労するからお勧めはしない。

核心部は場合によってはザイルを出す

右を進んですぐがこの沢最大の難所となる。１５ｍの大滝はホールドはあるから直登はできるが、この時季のシャワーは辛い。

冷や汗

先行班は果敢に滝中を行く。私以下は水を避けて左から巻き気味に上がるが、疎林と落石の心配もあり直登以上に気を抜けない。**川口さん**の必死さがこちらまで伝わってくるが、ザイルは要らないとなかなか強気だ。最後の詰めでザイルを出す。

先行班の倍の時間をかけて滝上に上がると、安堵感が全員の顔に浮かんでいる。更に続く小滝中滝に息つく間もなく取り付いて高度がぐんぐん上がる。沢登りの真髄を感じる時だ。

右岸から巻き気味に上がるところで**こざる**が２ｍ滑落する。下から見ていた私が冷や汗をかいた以上に、当人の心境は察するに余りある。

水が切れてからの二股は、どちらを取っても大して問題ではない。ほとんど藪無しで山頂右の稜線に上がると、一分歩けば１３５３ｍに辿り着く。南に目線を転じれば、入渓したトンネル出口が真下に見える。

儀式

初めての野塚岳山頂に参加者の破顔一笑が、企画した私の駄賃となる。眺望が利かないのが残念だ。晴れて

右が野塚岳本峰、西峰の奥にはトヨニ岳が、更に奥に見えるのはピリカヌプリだ（オムシャヌプリ山頂から）

いれば、ここから見るトヨニ岳はこうもりが羽根を広げているようだ。時折ガスが切れ、稜線が見えるだけでその片鱗を垣間見る。

着替えを済ませいつものラーメン儀式を執り行う。前夜の残りの骨付きラムと乾燥ワカメ入りの豪華版が、腹を空かせた沢屋の胃袋に納まる頃にはオムシャヌプリが少しだけ顔を見せる。一時間たっぷり休んだ。

三石温泉

山頂を後にする。一旦南のコルまで下がり、そこからの登りは笹が被さり道が判然としないが、下にかがむと何とか踏み跡が判別可能だ。1220m峰から南西に下る尾根を使い、580で本流に出合う。このルートは1220m峰手前から右にトラバースして行くが、始めは尾根が広く踏み跡がはっきりしないので迷う場面だ。東の沢方向に下りないように気をつけて行けば、程なく踏み跡を見つけられる。最後は50m程の藪下降で沢に出合う。

八時間の初級者沢オフミは最後のトンネルへの上がりを右から高巻いて終わる。帰途三石温泉で汗を流す。露天風呂もない古い温泉だが、私はここの湯が好きだ。

おまけ

早出すると野塚岳からオムシャヌプリまで2時間半で縦走も可能だ。下りはオムシャヌプリの東コルからの沢を利用する。ガレ場があるだけで懸垂も必要ない。ニオベツ川は南面直登沢以外にも西コル沢、南コル沢、1220m峰直登沢など支流からの様々なルートが使える点で、沢屋には貴重この上ない。

Data
2004・8・9◉5時30分野塚トンネル日高側P〜C580右沢〜8時50分1220m峰9時10分〜同南西尾根〜11時20分トンネルP

Map
2.5万図　「楽古岳」

Member
gan

ニオベツ川《がわ》580右沢から1220m峰

野塚岳の南コルからオムシャヌプリ方面へ少し上がった稜線上の小ピークが1220m峰だ。地図にある1232m峰の北隣になる。1220mより僅かに高いかもしれないが、正確な標高はわからない。エスケープルートとなる南西尾根の起点となる峰だから是非覚えておきたい。

人恋し

ニオベツ川の上二股で泊まろうかと思っていたが、どうも一人で泊まる気にはならない。楽古山荘なら一人位は同宿者がいるだろう、と向かうが結局誰も泊まっていない。考えてみれば日曜日だから当然だ。盛夏というのにがらんとした山荘にいると、肌寒さを感じてしまう。コンビニ弁当を食べ、ビールとカップ酒を呑んでいる内にいつしかぐっすり眠っていた。

曇り空の中、野塚トンネル入口に車を停め、河原に下りる。体が重く感じるのは土曜日の星置川から発寒川への縦走の疲れがあるからだ。四十代半ばまでの私なら大袈裟に言えば無尽蔵の体力だったが、ここ数年は年相応か、それ以下になりつつある。

一度はやりたいと思っていた野塚岳の南コルへ突き上げる沢をやるのが当初の計画だ。580で南コルから上がった1220m峰への沢が右から入る。ここも以前から

中央が1220m峰からの南西尾根、左の谷間が580右股

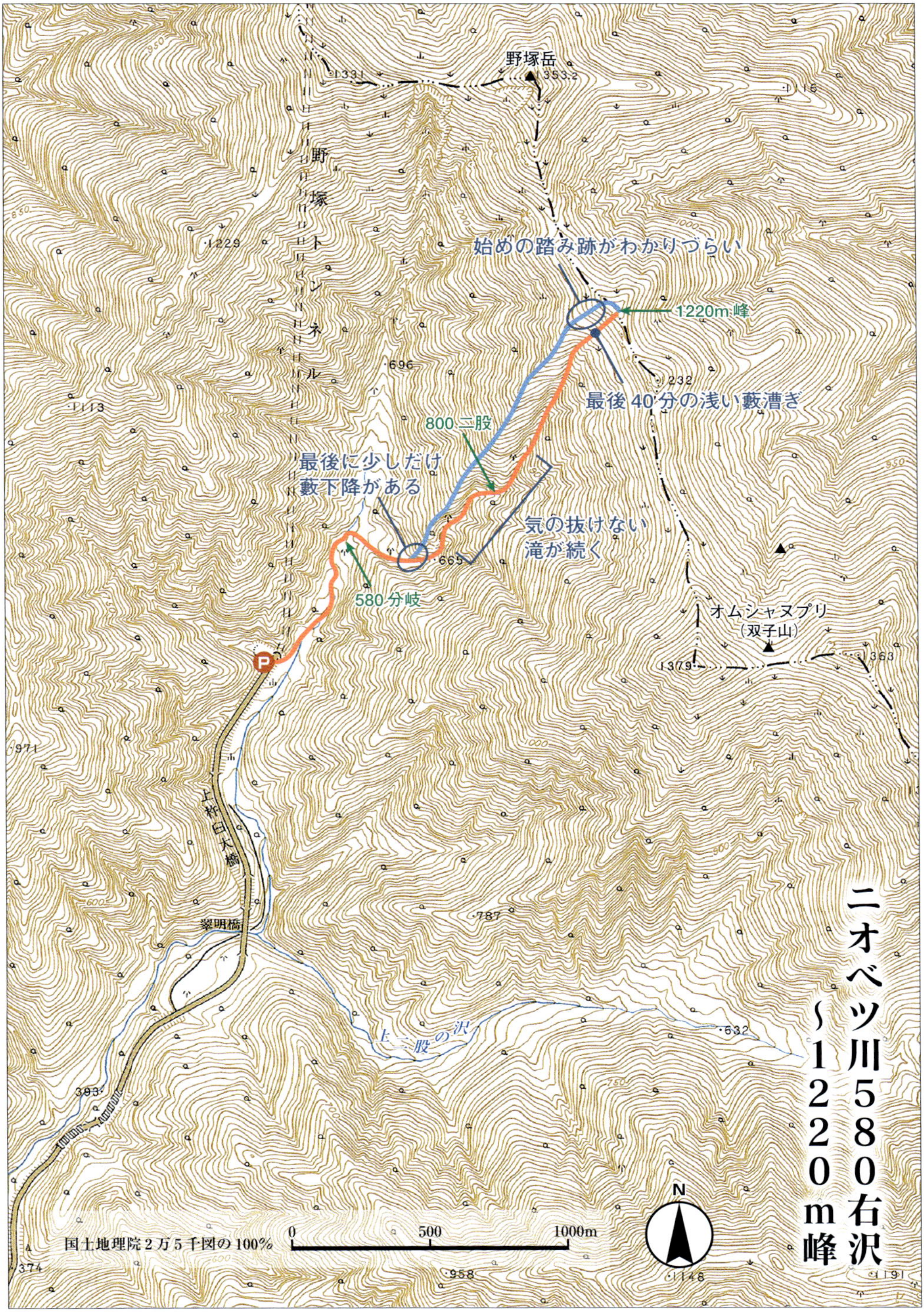

ニオベツ川580右沢〜1220m峰
野塚岳
1353.2
1331
野塚トンネル
始めの踏み跡がわかりづらい
1220m峰
最後40分の浅い藪漕ぎ
1232
1229
696
1113
800二股
最後に少しだけ
藪下降がある
気の抜けない
滝が続く
665
580分岐
オムシャヌプリ
（双子山）
1379
1363
971
上杵臼大橋
翠明橋
787
上二股の沢
532
393
374
958
1148
1191
国土地理院２万５千図の100％
0
500
1000m
N

沢は高山植物の宝庫だ。写真は大平山、泊川直登沢源頭のオオヒラウスユキソウ。

気になっていた沢だ。優柔不断は専売特許と言っていい。三分間の熟考の末、その場で行き先を変更するのは、単独故の気楽さだが、反面教師の見本のようなものだ。

弱気の虫

野塚岳に登った時に下りで使うのが、1220m峰からの南西尾根だ。その東側に沿った沢は地図で見る以上に水量もしっかりある。初めての沢を一人だから、否が応にも慎重になる。年に一組も入るかどうかわからないような沢だ。怪我などしても自力で下山するしかない。右に入って十分程で滑滝に出合うと右から滝が落ち込んでいる。先に進むと30mの大滝が私を迎える。一挙手一投足に神経を集中させて、右寄りをゆっくり登る。曇ってはいるが暑さを感じてたまらず頭から何度も水を被る。

800で二股になる。地図では左が本流だが開けているのは右で思わず入りたくなる。左は10mの滝になり、直登するにはためらいを覚える。一度途中まで登ってみるが、単独だ、という弱気の虫が手足をそこで止めさせた。二股の間の頼りない木々を掴みながら滝上に上がると、すぐにまた10mが待ち構える。小さい沢だが、何の何の、期待以上の滝の連続にニヤついている自分がそこにいる。

潔さ

源頭からは暫く沢形が続き藪漕ぎも苦にならない。それでも黒い雲に覆われた1220mピークまでは四十分の最後のあがきだ。体は草露でぐっしょりとなり、暑さはとうに感じていない。突風が吹いて立っていられない。野塚岳寄りの笹藪に身を潜めて寒さを凌ぐ。ここからは野塚岳に登り、引き返してオムシャヌプリまで行うと思っていた。視界は利かない。風の強さを考えると、これ以上無理する理由は見当たらない。何より初めての沢を詰めて来られただけで、沢屋にはもう十分お釣りがくるのだ。あっさりとここからの下山を決める。

南西尾根を下降して暫く行くと、どうも様子がおかしい。周囲から踏み跡が消えている。もう何度もここを通っている私が何で？　と思うが確かにいつもとは違う。このまま降りても何処かでニオベツ川に出るのは間違いないが、一人だという意識が体の向きを反転させた。

面倒ながらも登り返すこと十分で小さい肩のようなところに戻ると、踏み跡が二つ

寒い時には稜線の笹藪で風を避ける。
写真は野塚岳西コルにて。

南西尾根には踏み跡がある

野塚岳南稜線から 1220 m 峰（左手前）を見る。右に南西尾根が下降している。
奥にオムシャヌプリ本峰と東峰が見える。

に分かれている。上から来ると左下へ向かうのと真っすぐ進むのがある。私は真っすぐ下っていた。安易に下ったケアレスミスだ。以前ＨＹＭＬの仲間がこの踏み跡を辿り、最後は懸垂しながら沢へ降りたのを思い出していた。

踏み跡を見つけて安堵したのと同時に猛烈に空腹感を覚えた。顔の回りを飛ぶ虫がうっとおしい中でどっかりと腰を下ろして冷えた弁当と缶飲料を流し込む。ほどなく小雨が降ってきた。

十一時二十分にトンネルに戻ると見知らぬ車が一台駐車している。途中誰にも遇わなかったから、野塚岳山頂直登の沢を行ったのだろうか。上二股まで戻るとトイレ脇に隠して置いたジョギングシューズが見当たらない。オムシャヌプリからの下山に備えて車の回収に走って行こうと思っていた。使って七、八年にはなるボロシューズだ。誰も拾わないような古物でも、余程気に入ってくれたのだろうか。幸せな余生を送ってくれればそれでいい。

帰途天馬街道の手打ち蕎麦屋『春別』に寄る。つぶ昆蕎麦が名物だが、私はかき揚げ蕎麦が好きだ。満腹になったお陰か、札幌までの運転は睡魔との戦いだった。

『春　別』

おまけ

半日あれば遡行できる手軽さだが、沢自体は中級者でも満足できるレベルだ。『春別』の蕎麦は是非一度はお勧めしたい。

※『春別』浦河町字上杵臼１０６０

ＴＥＬ０１４６―２８―２０１１

ニオベツ川上二股にあるトイレの
向かいの林道を入る

Data
2004・10・9●6時5分上二股トイレ～
ニオベツ川上二股の沢～C780左股～
9時55分山頂10時55分～C780右股～
ニオベツ川上二股の沢～13時40分上二股トイレ

Map
地図　2.5万図　「楽古岳」

Member
俊一さん・静子さん・山ちゃん・栗さん・こざる・gan

ニオベツ川《がわ》上二股の沢７８０左股から 十《と》勝岳《かちだけ》１４５７ｍ

十勝岳といえば、十勝連峰にある山が北海道を代表する程有名だが、沢屋にとっては、南日高の十勝岳が遥かに身近な存在だ。当然夏道はない。ニオベツ川、コイボクシュメナシュンベツ川、楽古川から遡行する。どれも外れがない程面白い。

地図上にはニクボシュメシュウベツ川とあるが、コイボクシュメナシュンベツ川が正しい。十勝岳のどっしりとした山容は、沢屋には刺激十分で、特に楽古岳山頂からの眺めが私は好きだ。山頂手前には一張り分のテン場がある。

ベテラン

ニオベツ川上二股の沢の７８０二股からの右股は、数年前に経験済みだが、少し難しいという左股はまだだった。いつものメンバーに池田町の**俊一さん**、**静子さん**夫妻が加わる。ネット上でのやり取りから相当な沢屋とはわかっていた。早朝に上二股の駐車場に現れた二人と初めて対面する。沢慣れた格好にベテランの雰囲気を感じ取る。

高曇りの中、総勢六名の沢屋には多少の寒さも気にならない。立派なトイレの向か

ニオベツ川780左股~十勝岳

野塚岳
野塚川
オムシャヌプリ
（双子山）
広尾町
立派なトイレと
湧き水がある
オムシャヌプリ東コルとの
分岐は少しわかり難い
750二股
どちらの沢も充実した登りが
続くが、左股が少し難しい
ここから見る楽古岳の
直登沢は垂直に近い
林道歩き30分
780二股
十勝岳
1457m
浦河町
この沢は初級者向けだ
川の名はコイボクシュメナ
シュンベツ川が正しい
N
0
500
1000m
国土地理院2万5千図の60%

沢は既に晩秋の趣だ

いの林道を三十分歩く。６００付近で、オムシャヌプリ東コルへ詰める沢を左に見て、本流に入る。伏流気味の沢が続き、石が乾いていて歩き易い。７５０二股から右に入ってすぐに７８０二股になる。

定　石

初めて遡行する左股は水量が異常に少ない。読図の限りでは左右はほぼ同じ水量になるはずだが、左股を経験している**俊一さん**も間違いないという。入ってすぐに５、６ｍの涸れ滝が出て、その後も伏流気味の沢が続く。８７０で現れた１５ｍの直登不能な滝にしばし見とれる。手前左から巻いた跡があり、定石通り**俊一さん**達は踏み跡を行くが、ここも結構な難易度に見える。私達は右からの高巻きを試みる。疎林の上、急斜面だから、バイルがなければ安全確保には苦労する。

９００付近には４０ｍ近いスラブ状の豪快な滝が高巻く途中から眼下に見える。懸垂で沢床に降りるのを諦めて、まとめて一気に大高巻きする。豆つぶみたいに小さく見える**俊一さん**達も、遅々として高度を稼げず、高巻きに苦労しているのがわかる。ここだけで三十分以上はかかった。

露　骨

大高巻きが終わってからも小滝の連続で全く飽きない。両岸が狭まり、むき出しの崖が日高らしい荒々しい景観を露骨に見せる。先週遡行した豊似川左股川の風景と重なり合う。振り返ると上二股にかかる翠明橋がくっきり見える。１１００を越えた二股の左は涸れ沢で、右に進むと、１２２０の涸れ二股は山頂直登を目指して右を取る。苦労する程の藪漕ぎもなく山頂北側の稜線に上がると、程なく十勝岳山頂に六名の沢屋が足を踏み入れる。

それにしても九月、一〇月の沢登りは止められない。シャワークライミングは確かに辛いが、紅葉混じりの渓谷美は息を呑むほど魅力に富む。

ランチタイム

残念ながら視界は利かない山頂だが、**静子さん**特製のお稲荷《いなり》と玉子焼きが並び、いつも以上に贅沢なランチタイムだ。下山は780二股の右股に当たる沢を下降する。ここは以前私が登りで使ったルートだが、ベテランがいれば初級者でも可能だ。山頂から30m南西に行き、そこから適当に藪を降りる。1050で左から水量のある沢に出合う。下から来た時には左の涸れ沢を行けば、滝もなく山頂の右に出ることになる。

965でスラブ状の滝が4、50m続き、慎重さが必要だ。900で10mの樋《とい》状の滝は左岸から巻く。結果一度も懸垂下降することもなく780の二股に着く。三時間もかからず上二股の駐車場に着いた時、明日の予定で迷っていた。台風接近の知らせが連泊を諦めさせて、札幌へ帰る準備をする。別れ際、**俊一さん**、**静子さん**から池田ワインとビーフの豪華な差し入れをいただいた。その後誰が呑んで食べたのか不明だが、気の弱い私はいまだに聞けないでいる。

おまけ

楽古山荘に配車をできれば、下りにコイボクシュメナシュンベツ川を使って沢縦走ができる。780左股は下りでは使わない方が無難だ。

荒涼とした雰囲気が如何にも日高らしい

オムシャヌプリから見た十勝岳（右）と楽古岳（中央奥）。780 左股、右股がよくわかる。

Data
2005・9・11◉5時11分楽古山荘～
9時30分山頂11時41分～12時50分楽古山荘

Map
2.5万図 「楽古岳」

Member
gan

コイボクシュメナシュンベツ川《がわ》から
楽古岳《らっこだけ》1472m

楽古岳は南日高を代表する山の一つだ。
その麗しい山容は花の山・アポイ岳と並び、
登山者に人気があるのも頷ける。
コイボクシュメナシュンベツ川は難しい沢ではないが、
途中から一気に突き上げて行く、その高度感には圧倒される。
どちらかというと中級者向きで、
初級者には確保する場面が幾つか出てきそうだ。
楽古山荘からの夏道に沿った支流からも行けるが、
高巻きが微妙な個所があり、苦労する場面が出てくるから、余り勧められない。

慰問団

それは夜の七時頃だった。荷物を取りに外に出ると江別からわざわざやって来た川口夫妻が楽古山荘に着いたところだ。わざわざと書いたのには訳がある。昼間、野塚岳南コルへの沢を詰め、山頂に上がった時にＨＹＭＬへメールを出した。今夜楽古山荘に泊まるから誰か呑むのに付き合ってくれ、という冗談半分のメールだから、まさか来るとは思わない。楽古岳にはまだ登ったことのない川口さんが、呑むのが目的か登山がメインかは聞きそびれたが、はるばる駆けつけてくれたのだ。

もう既に出来上がりつつあった私だが、しゃぶしゃぶを肴に予定外の二次会が始まる。帯広から来ていた団体が寝入った九時半には我々もシュラフに入る。団体の中の一人の山荘を揺るがす程のいびきが聞こえるまでは僅か数分のことだった。少々のことには動じない私でも酒を追加しなければ眠ることはできなかった。外にはテント泊のパーティもいる。彼らは熟睡できただろうか。

夏道から上がる川口夫妻に見送られ、本流沿いに薄明の林道を歩き出す。

常連

この道だけでも、もう二十回近くは歩いている。十勝岳へも楽古岳の沢も途中までは一緒だ。どちらの沢も私のお気に入りだが、特に楽古岳に上がる本流は毎年一度は遡行する定番の沢だ。もう十回近くは登っているから、沢には随分迷惑な常連客の一人だろう。歩き慣れた林道だが年々草が覆い被さり、朝露で下半身はぐっしょりだ。

５３０二股までは右岸左岸と踏み跡を渡り歩いて、最後１００ｍだけは沢中を歩く。左から入る沢を詰めると十勝岳に至るが、難しいところは全くないから沢入門には最適だ。二股の角上には一張り分のテン場がある。数年前十勝岳を挟んでニオベツ川から沢縦走して来た時には、先客がいて泊まれなかった。

真っすぐの本流を進んですぐに釜持ちの滝となる。右から合流する枝沢を横切り、バンド伝いに越えて行くのがちょっと微妙で面白い。正面高くに十勝岳と楽古岳を結ぶ稜線が、徐々に茜色に染まりながら、青空を背景に一段と鮮明さを増していく。

コイボクシュメナシュンベツ川～楽古岳

十勝岳から楽古岳の稜線。4月から5月初めの残雪季なら3時間あれば十分歩ける
十勝岳へ詰めるこの沢は難しい滝はないが、雰囲気が素晴らしい
780の入り口を見ただけで深山幽谷《ゆうこく》の趣に興奮状態に陥るだろう
ここの高度感にしびれる沢屋は多い。この沢のハイライトだ
530二股。左股は十勝岳へ行く
最初の滝と釜に少し緊張する
ここから眺める十勝岳の何と魅力的なことか
楽古岳
530二股手前100mまでは右岸左岸の踏み跡をたどると早い
この沢からも詰められるが高巻きが微妙な箇所がある
メナシュンベツ川
この間5～6回の渡渉があり。増水時は注意しよう

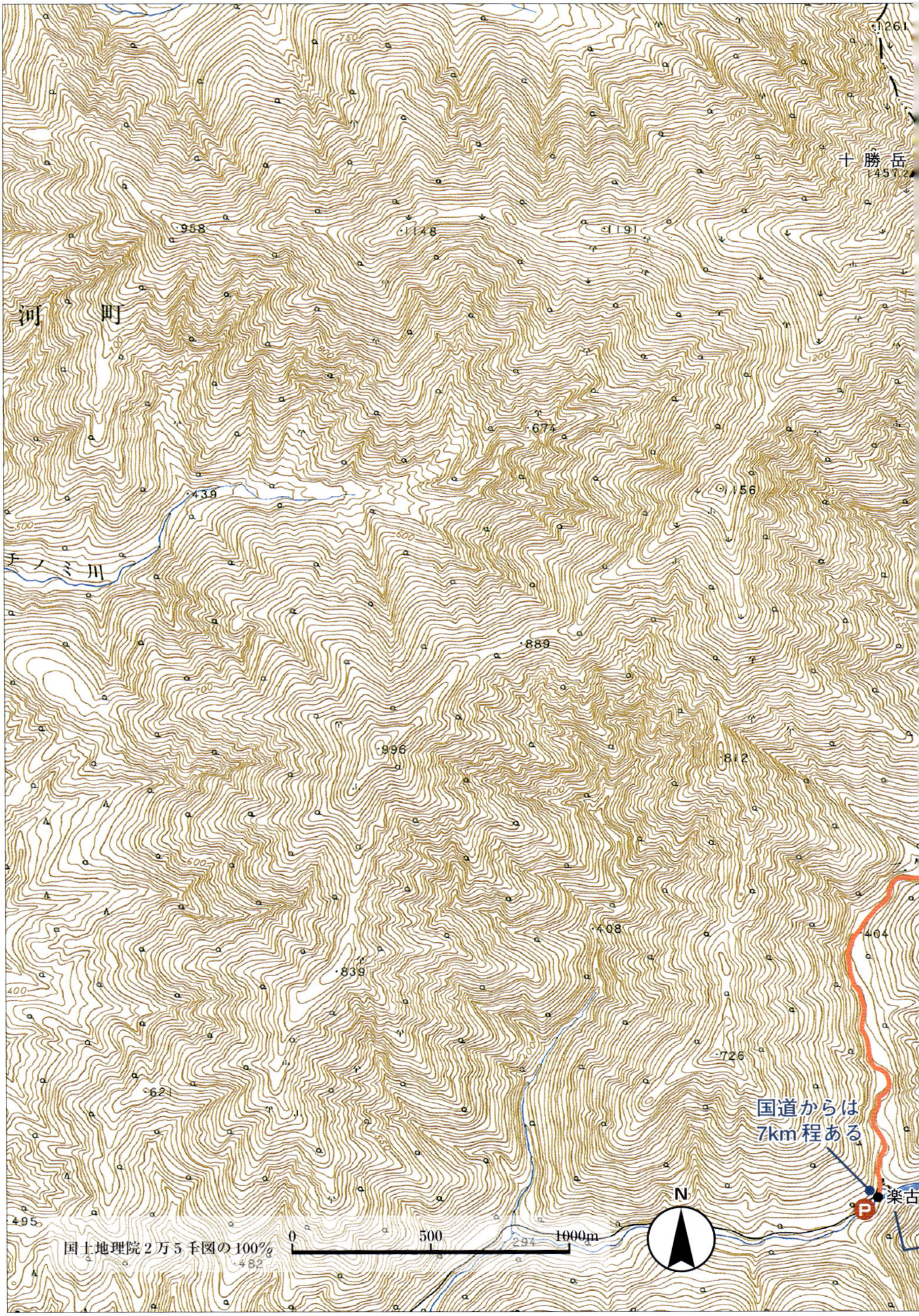
十勝岳
1457.2
1261
958
1148
1191
河
町
674
1156
439
チノミ川
889
996
812
408
404
839
726
621
495
482
294
国道からは
7km程ある
楽古
N
国土地理院２万５千図の100%
0
500
1000m

この四月に十勝岳山頂一泊で稜線を縦走した時は、雪も締まっていたから十勝岳から二時間半で楽古山頂まで着いたが、まだ無雪季の縦走はしていない。

次の5mの滝は左岸上の踏み跡を行ってもいいし、左寄りから直登もできる。沢が右に曲がる辺りの15mの幅広の滝は左右どちらからでも上がれるが、より安全なのは左からだ。左岸右岸の高い崖からは数百本の絹糸を垂らした枝沢が何本か入り込む。その優雅な飛沫を浴びると、香水を掛けられたようだ

ロマンチスト

と柄にもないロマンチストに変身する。

その枝沢から水を汲み、スープを作って冷えた体を温める。聞こえるのは沢音だけで周囲に人工物は何一つない。こんな時一人で来たのが悔やまれる。

学生の頃から随分と海外を旅して歩いた。社会人になってからの自転車旅行も入れると30箇国近くにはなるだろうか。インドでは腹を下し、一晩中眠れずに苦しんだこともよくあった。辛いことなら一人でも耐えられる。嬉しいこと、感激したこと程、誰かとそれを共有したい。側に誰かいてくれたら、この幸せなひとときが二倍三倍になるのになあ、と日高の沢でも素直に思う。

末端神経

780からの核心部は岩壁が迫るその入口を見ただけで、鳥肌が立つ。切り立った崖の正面には4、50mの滝が見える。正に深山幽谷とはこの場所のためにある言葉だろう。

右に折れてからは怒濤の様な一気の登りが待っている。天空の彼方へこのまま突き抜けて行くようだ。ホールドもしっかりあって難しいところはないが、下を見ると谷

530 二股先の最初の釜を巻く

ナメと釜が何とも言えない

左岸には巻き道もあるが、ここは直登したい

780からの核心部は高度感抜群

後ろを見ると肝が縮む登りだ

底が小さな点になっている。初めてこの沢をやった時の奇想天外な迫力に何度も身震いしたのを思い出す。

一つ一つの動きに末端神経を集中させて瞬く間に高度計の数字が入れ替わる。950では左岸からの岩が崩れて埋まり、落石にも注意が要る。以前の素晴らしい渓相を覚えているだけに残念でならない。

後ろを見れば十勝岳の雄姿が存在感を誇っている。高く見えていた十勝岳からの稜線も目線の高さになってくる。

ここまで来れば急峻な沢を詰め上がった充実感が心と体に満ちあふれている。1230付近の涸れ二股は右を取る。途中で朽ちたドラム缶が行く手を遮る。踏み跡を素直に詰めると、僅か2、3m這松を跨ぎ札楽

古からの夏道に出合う。

五分も歩けば山頂に着き、ド派手な看板が迎えてくれる。

したり顔

率直に言えば設置者には大変申し訳ないが、どうも私には奇異な感じは否めない。あの人物だけは何とかしたいと、頂に立つ度に思ってしまう。

北西に延びる日高山脈が丸見えなのは、空気がいつも以上に澄んでいるからだ。目の前に構える十勝岳は貫禄があり過ぎる。その南東面直登沢に遡行意欲がそそられるのは、私だけではあるまい。右奥にはオムシャヌプリ、野塚岳、トヨニ岳、ピリカヌプリ、神威岳の山並みが個性豊かに連なっている。

程なく前夜外でキャンプしていた釧路のパーティが着く。リーダーがしきりと沢の状況を聞いて来るので、体力としっかりしたリーダーがいれば、としたり顔で言う。

待つこと一時間十分で川口さんが、暫くして奥さんがあえぎあえぎやって来た。私のお付き合いで来た川口さんはともかく、果して奥さんが楽古岳登山を心底楽しんでくれたかどうか、いつか尋ねてみようと思う。

Kさん

ゆっくり下りるという夫妻を置いて先に下山する。山荘前では先程の釧路組が出来立てのソーメンをご馳走してくれる。遠慮を知らない私が一番食べたのは認めざるを得ない。

釧路と言えばGクラブという山の会がある。六、七年前になるだろうか。残雪の知床岳を登りに行き、下山途中でキャンプしているパーティに残りの酒を贈呈した。その時知り合ったKさんとは、以後年賀状のやり取りをしている。なんと釧路組のリーダーはKさんの弟だった。知床岳での縁が楽古岳の麓で蘇る。

帰途、牧場脇の林道で立ちションをする。振り返れば楽古岳山頂には僅かに雲がかかっていた。

おまけ

南日高周辺の日帰りできる中では秀逸の沢だ。下山で夏道を使えるのも有難い。一度でも遡行すると、おそらくは私のように病み付きになる沢屋は多いだろう。とにかく高度感があるので、落石などには十分注意が必要だ。下降に使うのは相当な覚悟がいる。必らずベテランと同行してほしい。

Data
2004・10・2◉8時10分上二股トイレ〜8時22分C445南西面直登沢出合〜11時35分山頂12時45分〜東コル沢〜14時40分上二股トイレ

Map
2.5万図　「楽古岳」

Member
山ちゃん・栗さん・こざる・gan

ニオベツ川《がわ》南西面直登沢からオムシャヌプリ(双子山)1379m

南日高にあっても比較的地味な存在の双子峰の山が、オムシャヌプリだ。夏道が無いため、夏は沢からしか頂を踏めない。野塚川からも面白い沢登りが楽しめるが、入渓までのアプローチが長い。一番簡単なルートはニオベツ川上二股の沢から東コルへ突き上げる沢だが面白さに欠ける。

熟睡

南日高に通い続けてもう何年になるだろう。札幌からは確かに遠いが、通い慣れると気にはならない。朝三時に札幌を出発すれば日帰りの沢なら大概できるが、前夜は泊まって宴会するのが酒呑みの楽しみだ。

金曜夜に天馬街道に着いた時、運転手以外は既に出来上がりつつあった。明日の天気予報は芳しくない。半分諦めもあったのか、いつも以上に遅くまで呑んでいたせいで、珍しく朝六時まで熟睡する。雨は降ったり止んだりを繰り返す。沢の距離はさほど長くないので増水はないだろうと決めつけて八時過ぎに出発する。

酒さえあれば倖せな沢屋達だ

翠明橋

上二股のトイレ手前から左に入る林道を行く。翠明橋を見上げながら左股を少し進めば、４４５でオムシャヌプリへの直登沢が右から入る。初めての沢の情報は皆無だから、果たして山頂まで行けるかどうかはわからない。それがまたいい。

小さい沢ながら５５０から滝が始まる。５８０で二段８ｍの滝を右から越えると６３０で左から枝沢が入る。６８０で３０ｍの滝は左右どちらからでも直登できるが、微妙な登りだから人によっては確保が必要かも知れない。沢の距離と急斜面から想定はしていたが、この先を思うと更に興奮を覚える。

７８５でまた３０ｍが出てくるが、直登は不可能だ。右の枝沢を4、５０ｍ登ってから本流へ乗っ越す。９２０で遂に４０ｍ近い大滝に出合う。右寄りに登ると先は二股になって左を進む。以後１０７５までも滝が絶え間なく続き、時間の経過を忘れてしまう。

珠玉

１０７５の二股は左右の水量が変わらない。左を取って稜線へ上がると、低い這松を十分漕いで山頂へ到着する。もう何度も来ているオムシャヌプリ山頂だが、初めての沢から登った感動はまた一段と味わい深い。小滝大滝が絶え間無く続くこのルートは、もったいないが余り入渓するパーティはいないようだ。沢屋には珠玉の価値があるだろう。レベルとしては、野塚岳南面直登沢よりは確実に上と感じる。

上二股のトイレが眼下に見える。登頂に合わせるように、一瞬だったがトヨニ岳方

野塚岳へ向かう稜線には
踏み跡がしっかりある
オムシャヌプリ
(双子山)
1379m
東峰
本峰
滝の連続に
興奮度100%!
難しい滝は
一つもない
920で40mの大滝
680で30mの滝
この辺りは、
ガレ場に注意
上二股の沢
登りで使う時は分岐が
ちょっとわかりづらい
林道歩き30分
上杵臼大橋
浦河町
国土地理院2万5千図の100%
0
500
1000m
N

ニオベツ川南西面直登沢〜オムシャヌプリ

ぐんぐん高度を稼いで行く

見た目程易しい登りではない

面のガスが切れ、その赤裸々な姿に歓声が上がる。明日まで待っていてくれよ、との叫びはトヨニ岳まで届いてくれたのか。定番のカレーラーメンに舌鼓を打ち、東コルからの沢を下って上二股に戻る。

温泉に行くのも面倒になり、手ぬぐいで体を拭いて午後早くから今日の宴会はスタートする。メインディッシュは**こざる**特製のラムのトマト煮だ。誰もが明日の好天を信じてやまない。ロレツが回らなくなるまでにさほど時間は要らなかった。

おまけ

中級者向けの沢で面白さは保証する。下りで使うのは止めた方が良い。時間に余裕があれば野塚岳までの縦走もお勧めだ。

Data

2002・9・14〜16◉14日7時10分左岸林道P〜
7時40分ヌビナイ川出合い〜13時30分C790二股C1
15日5時30分〜8時35分ソエマツ岳9時15分〜
13時46分ピリカヌプリ14時03分〜16時33分C1
16日6時50分〜14時38分林道P

Map

2.5万図　「ヌビナイ川上流」・「神威岳」・
「ピリカヌプリ」

Member

gan

ヌビナイ川《がわ》右股川から ソエマツ岳《だけ》１６２５ｍ・ピリカヌプリ１６３１ｍ

神威岳を入れて南日高三山と呼ばれる中で、
このソエマツ岳とピリカヌプリは、なかなか山頂を踏めない。
夏道は勿論なく、冬の稜線伝いも距離が長い。
沢からが一般的だが、中級者向けの難易度だから初級者には辛い。
ヌビナイ川右股川の七つ釜の美しさは、
一度目にすると永遠に頭の片隅にあることだろう。

憧れ

クワゥンナイ川と並んで、北海道の沢屋なら誰しも一度はその遡行に憧れるヌビナイ川右股川に、二度目の挑戦を九月に選んだ。前回も天候には恵まれたが、ソエマツ岳からピリカヌプリへの稜線で相棒の体力が尽き果てて、止む無く途中から藪下降してテン場に戻った。

誰しも認める七つ釜の美しい景観の裏側には、核心部の微妙なトラバースが待っている。技術的にはそれほど大変ではないが、心許ない足場には私でも気軽に行くには躊躇《ちゅうちょ》する。

大樹町中心部を流れる歴舟川《れきふねがわ》の右岸側の道を上流に向かって進む。カムイコタン公

ヌビナイ川右股川
～ソエマツ岳・ピリカヌプリ

藪漕ぎなく稜線に出る
ソエマツ岳
この登りは高度感抜群!!
790二股
テント泊
ヌビナイ川
テン場あり
507二股
940二股は
左へ入る
この間は、踏み跡が明瞭
この間、緊張する場面が多いが、
沢自体は忘れられない景観が続く
巨岩もあって厳しい
稜線歩きが続く
易しい下りだ
ピリカヌプリ
大樹町
残雪季にはトヨニ岳からこの稜線を歩く

正に清流にふさわしいヌビナイ川の流れ

奥が 507 二股

園を左に見て、「尾田９Ｋ」の看板があるところを右折してからヌビナイ橋を渡る。左に住吉会館がある先から左に折れた林道が昭徳林道となる。途中の分岐は左に進み、会館から１２㎞で再び分岐になる。左右どちらを進んでも本流には入れるが、右の左岸線を更に４・８㎞走り、支流の手前で車を停める。支流を渡り林道跡を三十分歩いて本流に入る。

険　悪

九月半ばとはいえ、暖かい日差しが降り注ぐ。入渓地点から５０７の二股までゆっくりと二時間かけて単調な河原歩きが続く。それはその後の迫力ある遡行に備えた、心と体の準備運動みたいなものだ。

５０７二股手前の右岸にはテン場にできる適地がある。ここに泊まれば日帰りで七つ釜まで行って戻るということもできるが、ソエマツ岳往復は流石にきつい。５０７の左股入口は両岸が狭く、側で見るだけでゾクゾクとした恐怖にも似た思いを抱く。険悪そうな入口から先には、まだ足を踏み入れていない。

右股に入ってすぐに核心部が始まる。ここからの二、三時間は距離こそ短いものの、集中力を切らすことのできない遡行が待っている。沢床から2、３０ｍ上のトラバースが何箇所かある。次々と現れる滝や釜、廊下、ゴルジュには驚嘆の声が沢中に響く。右岸左岸の高巻きを繰り返しながら進むが、始めの右岸の大高巻きにはザイルが張ってある。一旦沢床に降りて左岸に渡る。そこから先に続く左岸のトラバースが一番の難所の始まりだ。

手前右から高巻いて行く

七つ釜の絶景には誰もが魅了される

緊張する左岸トラバースがこの先から始まる

790 二股のテン場

七つ釜

〝虎穴に入らずんば虎児を得ず〟とはこの沢の為の言葉だ。絶景を見る為にはそれ相応の覚悟が必要となる。微妙な足場が続くトラバースは一瞬たりとも気が抜けない。左下には清らかな激流が見え、落ちたら大怪我どころか命に関わることになる。更に先の650付近左岸では、長さ100mにも及ぶトラバースが再び続く。ザックの重さがビクビク、ドキドキを尚一層加速させる。

七つ釜とは字の如く七つの釜が連続しているが、見方によっては八つ釜になるかもしれない。お椀のような釜が数mから2、30mの間隔で続き、エメラルドブルーの清流が溜まっている様は、日高一どころか日本でも有数の渓谷美だろうか。七つ釜手前の右岸高巻きで、最後の緊張を強いられる。右下には矢張り落ちたらただでは済まない滝壷が、紺碧の水をたたえる。高巻く途中から見る七つ釜の美しさには、どんな修飾語さえ陳腐に思えてしまうだろう。

白い帯がところどころに走る岩盤を越えて行くと790の二股は近い。右岸のテン場には単独行の二人を入れて、三張りのテントが肩を寄せる。うな丼を作り、チビチビと日本酒を呑みながら、沢談義は尽きることはない。焚き火の温もりが秋の寒さを防いでくれた。

朝焼け

見事な朝焼けだった。西に高くソエマツ岳とピリカヌプリを繋ぐ稜線が朱色に輝いている。今日はソエマツ岳まで登り、ピリカヌプリまでの長く厳しい稜線歩きが待っている。

790の二股は左を取ればピリカヌプリへ向かい、右はソエマツ岳へと続く。94

ソエマツ岳への登りも迫力がある

稜線直近には羆の掘り返しが目立つ

０二股を左に入ってからは、４０ｍを手始めとして断続的に滝が連なり、その高度感には楽古岳へのコイボクシュメナシュンベツ川を彷彿《ほうふつ》させられる。下降ではザイルの出番がありそうだ。シャワークライミングには気温が低すぎるから、濡れないようにと流れの脇を慎重に登る。１２４０三俣は右が開けていて、中と左は狭いが水量はほぼ同じだ。一旦左へ入ってから中俣へ乗っ越すが、ここが最終の水場となる。

水が切れてからの１３３５、１３８０の二股はいずれも右を取る。稜線手前の斜面には、羆の掘り返しがそこかしこだ。ほとんど藪漕ぎもなく、１５８０の南の稜線に上がったのは八時半だった。

踏み跡のしっかりある稜線を五分歩いて、二度目のソエマツ岳に立つ。遮《さえぎ》るもののない日高の山並みが目に焼き付くまで、僅か数秒のことだった。

消耗

北西側には中ノ岳やペテガリ岳が、西には神威岳が威風堂々と構えている。特徴のある山容の１８３９ｍ峰には、まだ一度しか足跡を残していない。南南東に位置するピリカヌプリが微動だにせず、私の到着を待っている。その延々と続く稜線を見ると、気力がなければ行けそうにない。登頂祝いにちょっぴりのウイスキーを水で薄めて流し込むと、喉の奥が歓喜で震えているのがわかる。

ピリカヌプリまで五時間のタイムリミットを設定して、駄目なら藪下降してテン場に戻ることに決める。九時十五分に、雲がかかり始めたピリカヌプリ目指して稜線を歩き出す。心地よい風が西の谷底から吹き上げてくる。１５２９のピークまでは、踏み跡もあってそれを辿るが、その後は見失うのがしょっちゅうだ。這松漕ぎに体力の

消耗を自覚する。途中には巨岩もあって、その乗り越えに時間を費す。空にはすっかり重たい雲がかかっている。ピリカヌプリへの最後の登りにかかる頃には、ポツポツ雨も降り出した。

ソエマツ岳から四時間半かかって小雨の山頂に初めて立った時、周囲にはガスが満ちていた。平べったい山頂には高い木々もなく、晴れていればさぞ眺望には恵まれたに違いない。濡れた体に強い風が吹き付けて、長居するには寒すぎた。西の稜線を五分戻り、ピンクテープを目印にテン場目指して下降を始める。

源流割り

藪漕ぎは一切ない。ガレ場が続いて右から二本沢が入る。最大４０ｍを含めて滝はあるが、どれも巻きや直下降で問題はない。三時間を見ていた下りだが、二時間半でテン場に戻ると、嬉しいことに先客の煙がたなびく。冷え切った体には焚き火が何よりのご馳走だ。雨も止んで空模様も快方に向かっているから、増水も心配ないだろう。

空腹を覚えてハヤシライスでやっと落ち着く。ビールが切れたのは残念だが、ヌビナイの源流で割ったウイスキーの角サンが充実し切った一日を振り返らせる。ボトルはいつの間にか空になった。どうやってツエルトに潜り込んだのか覚えていない。

翌朝も好天が続いていた。相変わらずの

ソエマツ岳山頂からピリカヌプリ（左奥）への長い稜線は体力勝負だ

麗《うるわ》しい流れを見ながら沢を下る。登り以上に下降でも気を抜けない。途中で大休止を入れながら、それでも507の二股に着いた時の安堵感はひとしおのものだった。

昼食を兼ねて、河原で焚き火をしながらキトピロとソーセージの油炒めを作る。キトピロ独特の香を嗅ぐだけで涎《よだれ》が垂れてくる。一時間半ものんびりと休み、車に着いたのは午後二時半を回っていた。至福の三日間は大金があっても手に入れることはできない。

おまけ

三度目のヌビナイへ、と誘われたらすぐには即答できない私です。それほどあのトラバースは微妙で緊張を強いられる。790二股には左岸右岸合わせて四、五張り、ソエマツ岳、ピリカヌプリには一張り分のテン場がある。二年前の台風で七つ釜に崩落があったらしいが詳しい状況は未確認だ。

Data
2004・10・3◉5時4分林道P～5時20分C495二股～
10時南峰10時15分～11時北峰11時15分～
11時55分南峰12時45分～16時10分林道P

Map
2.5万図　「トヨニ岳」

Member
山ちゃん・栗さん・こざる・gan

豊似川《とよにがわ》左股川から
トヨニ岳《だけ》南峰１４９３ｍ・北峰１５２９ｍ

トヨニ岳は南峰、北峰からなる双子峰の山だが、
南峰の南と東の峰も入れると四峰の山と言っていい。
野塚岳方面から見ると、コウモリが羽を広げたようで、
その独特の山容に目が釘付けになる。
夏道はない。
豊似川から登るのが一般的だが、右股川は北峰へ、左股川は南峰へ詰める。
残雪季には南東からの稜線伝いに行くことが多いが、一部緊張する細尾根がある。

縁

左股川は五年前に右股川から北峰に上がり、南峰からの下りで使ったルートだが、核心部には雪渓が残っていて、ビクビクしながらその上を通過した。まだＨＹＭＬが発足していなかった頃だ。滝を登る二人組に会い、挨拶したのが苫小牧のＩｚｕｍｉｄａさんだったのを後で知る。

長姉の高校山岳部の先輩に当たるのも、不思議な縁を感じている。二年前にも左股川を遡行したが、途中の滝が登れずに、高巻きも困難であっさりと断念していた。

夕暮れが明日の好天を約束している（ニオベツ川上二股で）

宣言

前日はオムシャヌプリへの沢をやったが、疲れは余り感じていない。野塚トンネルを十勝側へ抜けて豊似川368分岐の手前から左へ入る林道を行く。草が被さってはいるが、道そのものは悪くはない。まだ薄暗い五時から歩き出すのはトヨニ岳の経験のない三人を北峰まで連れて行きたいからだ。十時までに南峰に着かない時は北峰には行かないと宣言する。

高曇りだが予報に反して寒さはそれほど感じない。495の二股を左へ行けば野塚岳の西コルへ詰める。滝が一つだけの初級者向きの沢だ。右を取ってすぐに530で南峰へ直登する沢が左から入ると、以後二股で迷うようなところはない。

八十分

700から900までにこの沢のダイナミックな登りが凝縮している。両岸は狭く切り立って、荒々しいその雰囲気に圧倒される。

725の10mの滝は右にザイルが設置してある。5m前後の滝が続くが問題はない。前回敗退した10m弱が790で現れる。

豊似川左股川～トヨニ岳

豊似川
右股川
北峰へ行くこの沢は左股川
より上のレベル
北峰
しっかりした踏み跡がある
南峰
トヨニ岳
ポン三の沢川
荒涼たる風景はいかにも
日高の沢らしい
530二股は左に入る
迫力ある滝の連続だ
495二股を右に入る
浦　河　町
これを詰めると野塚岳
西コルへ上がる。
滝が一つだけで初級者向き

流れの中のホールドが確認できない。右寄りに行けそうだが、確保なしに行くには今ひとつ踏み切れない。その内小雨が当たるが断続的だ。迷ったあげく右の枝沢から高巻くことにする。この枝沢が困難を極める。スラブ状で微妙な登りが続く。20m上がり立ち止まる。その上にもしっかりした手掛かりは確認できない。更に30m何とか登って本流へ乗っ越し終わるまで、なんと八十分も費やした。結論から言えばここは滝の右寄りを上がるのがまだ無難だろうか。

記　憶

815の直瀑8mは右のルンゼから上がる。860の三股は中を選ぶが左も結構な水量だ。900で滝は終わり、そこからガレ場が1200まで続く。伏流になり適当なところで水を汲む。

正面には南峰直下の壁が見え、両岸には枯れた草付きの壁が迫ってくる。西部劇に出てくる峡谷を思わせる風景が何とも味わい深く、寂寥感に包まれて何度も立ち止まっては記憶の中に押し込める。

1230で正確には四股になる。右はかろうじて水が流れ、他の三つは涸れ沢となる。右から二番目が山頂への沢だ。高巻きでの疲れが出たのか足の運びに生気がない。珍しく**山ちゃん**、**栗さん**が遅れ出すが、**こざる**は何とか私から離れない。素直に沢を詰めると山頂東の肩に上がり、五分歩けば南峰に着く。この春先に来た時だ。山頂に張り終わったテントの横を悠然と通り過ぎて雪原に消えた山親父を、私は畏敬の念で見つめていた。

ここを右手前から巻いたため 80 分費やす

ちょっと躊躇したが、何とか登り切る

伏流になっているガレ場を詰めると南峰は近い

トヨニ岳北峰からは見晴らしが良い

訓練

時計は正に十時を差している。十勝側はガスの中だが日高側の視界は利く。非対称な稜線がピリカヌプリへと続いている。水と食料だけ持って四十五分で北峰へ着く。記念撮影をしてそそくさと南峰へ戻ると、太陽が顔を出し予報外れに安堵する。

十二時四十五分に山頂を後にする。高巻きであれほど苦労した７９０も、懸垂で降りると僅か数十秒のことに過ぎない。折角だからとザイルをそのままにして確保状態で登ってみるが、次来た時にもやはり緊張することだろう。

十六時に車に着いた。誰が捨てたのか、周囲のゴミが気になって回収に手間がかかる。復路の運転を栗さんに任せて、私は後部座席で気怠さと疲労感にどっぷり浸る。七〇年代の懐かしい音楽が車内に満ちる。日高の沢がいつまでもこのままでありますようにと願いながら、いつしか夢の中をさ迷っていた。

おまけ

難易度は右股川が上で、日帰りはきつい。左股川は中級者の入門ルートとしてもうってつけだろう。渓谷の風景に私は魅了されている。北峰には一人二人用テント一張り分のスペースがあるから、山頂一泊も魅力的なプランだ。

寒い山頂ではツエルトを張って、山菜の天ぷらパーティー（黒松内岳）

時折視界を魚が過ぎる（白別川）

道南・道東・中央高地の沢

山の幸、川の幸

多くの登山者で行き交う登山道と違い、沢に入る人はまだ圧倒的に少数派である。勢い沢は山の幸、川の幸の宝庫となる。

勿論禁漁河川などの規制があるから、何処でも釣るという訳にはいかない。釣り人も入らないような源流部まで行くと、尺ものの岩魚やアメ鱒が悠然と泳いでいる。自然の持つ懐の深さを実感する時だが、ほとんどの場合私は傍観するだけだ。沢中泊まりでは酒の肴分だけ頂戴する。塩焼きもいいが、フライにすると絶品だ。

山頂でのラーメン用にと途中では山菜も採る。こごみや独活《うど》、やちぶきと何でもござれだが、人気があるのはキトピロだ。

嬉しいことに沢合いは雪解けが遅いから、夏遅くまで標高に合わせて幸にありつけるのも、沢屋の特権だろうか。日高の某沢では黒い塊が行く手を遮る。良く見ると一抱えもあるようなカバノアナタケだった。沢の楽しみは多岐に亘る。

Data
2005・7・24◉4時40分夏道登山口〜
5時10分右股入渓〜10時半前千軒岳〜
12時半大千軒岳13時35分〜
知内川千軒ルート夏道〜16時10分登山口

Map
2.5万図　「大千軒岳」

Member
紀ちゃん・こざる・gan

登山休憩所申込先　福島町観光係01394-7-3001

知内川《しりうちがわ》奥二股沢右股から
前千軒岳《まえせんげんたけ》1056m・大千軒岳《だいせんげんだけ》1071.6m

大千軒岳は、松前半島にある最高峰の山である。
北海道の岳人であれば、一度はその頂を踏みたいと思う名山のひとつだろう。
沢から上がるにはレベルが高く、気が抜けない遡行が続く。
下りで夏道を使えるのは有難い。
道央からの日帰りは厳しいので
初日は千軒地区の登山休憩所を利用すると便利だ。
前千軒岳付近には、羆の掘り返しがそこかしこだ。

寝酒

　大千軒岳に沢から上がりたいと以前から思っていたが、なかなかチャンスがなかった。札幌からだと車で六時間以上は見なければならず、つい日高近辺へ足が向く。この時は知床の沢を考えていたが生憎道東は荒天模様で、道南に狙いを定める。

　地図で見ると稜線までは僅かな距離だ。その分一気に登るから困難な滝があるのは想像がつく。原則ハーケンなどを使わない私の力量では果して限度ギリギリというところか。

登山休憩所に泊まろうと予約を入れると生憎満杯だという。休憩所裏にテントを張って明日に備える。岩内から参加の**紀ちゃん**とは久々の遡行だ。スキーは指導員の腕前で、ジョグも始めて体力的には不安がない。一緒に遡行した黒松内岳の沢のワイルドさがたまらない程面白かった。**こざる**も走り始めて一年近い。昨年の秋トムラウシ川西沢で、一人だけバテたのが相当ショックだったという。それまでは体力派と自他共に認めていたらしい。フル一日がかりの沢をやると、掛け値なしの体力の底が見えてくるものだ。

念願の大千軒岳へ沢から上がれる嬉しさで、前祝の宴はニヤ付いた顔が揃う。修学旅行前夜の子供のようだ。一点の雲もない夕焼け空が、明日の好天を約束している。お開きの後、私は一人用のテントでシュラフに包《くる》まる。追加の寝酒を煽《あお》っていたが、それでもなかなか寝つけられなかった。

ターザン

国道から６㎞で登山口となる。入林届に記入してから少し戻り、左へ入る林道を歩く。まだ夜明けから間もない橙色《だいだいいろ》の空が徐々に薄くなるのに連れて、青色が濃さを増していく。

羆が多い道南では対策が欠かせない。

特に沢歩きでは沢音で鈴の音がかき消されるから要注意だ。鈴の嫌いな私はいつもターザンの如く「アーア、アー！」か「ハーイ、ハイハイ！」と声高に叫ぶ。

左股にかかる橋を渡ってから先の枝沢を下って２９０で右股に降りる。石はヌルヌルとよく滑るが苔生した岩や沢の雰囲気に幸せ度数は一気に上がる。磨り減った地下

知内川奥二股沢右股～前千軒岳・大千軒岳

上ノ国町
燈明岳
931
974
新道コース
641
大千軒岳
1071.6m
550
えぞかんぞうの群落に
目を奪われる
750
560
966
詰めの藪漕ぎは
楽な部類だ
600
951
844
500
踏み跡はあるが
藪漕ぎが多い
900
前千軒岳
旧道コース
551
1056
700
羆のいた跡が
そこかしこだ
485
898
528
450
750
750
582
544
815
450
416
550
650
袴腰岳
814
483
津川
370
松

20 m の滝は高巻くのもひと苦労だ

無理すれば行けない滝ではないが、岩は滑り易い

足袋の私は不安に駆られ、ＰＰ紐《ひも》で編んだ特製わらじを付けるが、ほとんど気休めの域を出ない。転倒での怪我が怖くて、足裏全体で石をつかむ様に柔らかく足を運ぶ。

ピーンと張り詰めた朝の空気が沢全体を包み込み、原始性豊かな山の趣を一層際立たせる。六時十一分、４７０で２０ｍの大滝に出合う。直登は無謀だとすぐ悟る。右岸左岸共高巻くのは容易でないが、左岸からの方が幾らかましか。泥壁状の急斜面には木々が少なくバイルを取り出す。一刺ししては頼りない草付きを掴みながら慎重に５０ｍ上がる。**こざると三浦さんとｓｅｇａｗａさん紀ちゃん**の二人も必死になって私の後を追う。

振り返れば沢床は遥か下に見えて、このままずるずるとずり落ちそうになるのを懸命にこらえる。やっとのことで平坦な棚状に着く。

下から声が聞こえてきた。手を振れば振り返して来る。ＨＹＭＬの書き込みで、函館の三浦さんとｓｅｇａｗａさんがこの沢をやる可能性があるのは知っていた。離れているからはっきり誰かはわからないが、多分そうだろう。

大滝は結局二段になっていて、四十分費やして沢身に降りる。５３０二股の左股は先で三俣になっていて水量もかなり多いが、ここは右股を進む。５５０で再び２０ｍの大滝に出合う。

滝の途中にバンドが見えて何とかそこから右上に抜けられそうだが、岩がヌルっとしていていやらしい。またバンドの先がどうなっているのか確認できない。３０ｍ手前の左岸から再び泥壁を高巻く。バイルが余り効かず一度目以上に周囲の空気が張り

ちょっとした登りだが気は抜けない

今にも落ちそうな雪渓が残る

つめる。ここでも四十分かかり、やっとのことで滝上に抜ける。６４０二股を左に取り、次の二股を右に進む。

この沢最大の難所６６０の１０ｍの直瀑が現れた時、時計は八時を指していた。

熱き思い

直登は不可能に近い。左岸も人を寄せ付けない岩壁となる。右岸手前から１０ｍ上がり、１０ｍトラバースして滝上に出るしか手はない。先行の私が取り敢えず１０ｍを慎重に上がるが、問題はその先だ。頼りない細木が適当な間隔であるだけで、しかも草が被さって足元がはっきり見えない。滝下からは後続の函館組が見守っている。

これほどの緊張感を味わうのは楽古岳南面沢の高巻き以来かもしれない。何度も何度も木に負荷をかけて強度を確かめる。しかし最後の一歩がどうしても出ない。斜め下にある小木に体重を掛けるのを決断するまで、時間が暫く止まっていた。

やっと、本当にやっと滝上に出た時にどっと汗が噴出した。ザイルを出して函館組を含めて全員が登り切ったのは、九時を十分もオーバーしていた。三浦さんとは冬の南岳以来、Ｓｅｇａｗａさんとは初めての対面だ。滅多に人の入らない沢の、それも困難な滝を登ったところで固い握手を交わすとは、沢屋ならではの熱き思いにとらわれる。

山盛り

その後も滑や小滝が続く。決して難しくはないが安易には登らせない。

私の肩を踏み台にして**こざる**が先を行く。時に手で先行者の足場を確保しながら、瞬く間に標高が上がる。

水量が減って源頭は近い

蝦夷かんぞうと大千軒岳

訪れる人が少ない前千軒岳山頂

ところどころにはまだ雪渓が残っていて、今にも落ちそうな塊の下を足早に通り過ぎる。900で源頭になり、水を汲む。950の二股を右に進むと1000手前で沢形は尽き、草地から笹藪を漕いで前千軒岳右の稜線に上がる。最後の詰めとしては楽な部類だろう。

前千軒岳山頂までは五分程だ。あちこちに羆の糞が、それこそ山盛り状態で散乱している。湯気こそ上がってはいないが、昨日今日のモノだろう。もしかしてヘルメットを被った怪しい連中を今この瞬間にも至近距離からじっと睨《にら》んでいたのかもしれない。一面に蝦夷《えぞ》かんぞうが咲き乱れ、山親父になぎ倒された草は圧死状態だ。

ガスがかかった山頂だが、時折視界が効いて、松前半島の名主大千軒岳が早く来いよと私を誘う。

ハイジ

前千軒岳からの夏道はほとんど廃道に近いものだった。距離は僅かな稜線歩きに小一時間かかり、夏道コースとの分岐に出合う。朝五時前から歩き出した体には結構なアルバイトだ。稜線にポツンと立ち尽くす白い十字架が、隠れ切支丹の悲しい歴史を感じさせる。

ここから山頂へかけても緑の絨毯《じゅうたん》の中、黄色の蝦夷かんぞうの大群落が、短い北国の夏を謳歌している。その中をイブキトラノオが涼しそうに揺れている。まるでスイスアルプスにいるようだとは**こざる**の弁だが、アジアの旅専門の私には少女ハイジの絵本でしか知らない。

金山番所を過ぎると登山口までは
1時間ほどだ

走馬灯

大千軒岳山頂には峠の新道から上がって来た登山者で賑わう。程なく我々と同じ沢から上がって来たという二人組が到着する。聞けばＨＹＭＬの会員だという函館の米山さんと八雲の北川さんだ。あらあら、決して楽とは言えない沢から三組もの沢屋が、時をほぼ同じに登頂を果たすとは、これも不思議な縁というものか。

二時間半で登山口に戻る。今日もまた十一時間半の行動を支えてくれた体力に、感謝せずにはいられない。登山休憩所でテントを畳み、**紀ちゃん**が用意して来たスイカを味わう。瑞瑞《みずみず》しい甘さが口中に広がって、疲れた体を癒してくれる。

想像通りの困難な、迫力のある沢だった。北海道最古の温泉だという知内温泉に浸かりながら、難所の場面が頭の中で走馬灯のように回り始める。札幌までの長い運転がまた最後の難所だったのだ。

おまけ

パーティの力量にも拠るが、登山口から前千軒岳稜線まで、六時間は見ておいた方が無難だろう。レベルとしては上級に近い中級ととらえている。前千軒岳から大千軒岳にかけての、蝦夷かんぞうの絨毯は圧巻だ。

Data
2005・10・9〜10◉9日12時20分夏道登山口〜14時10分太櫓川C495C1
10日5時28分C1〜9時8分旧山頂10時3分〜新山頂北西面沢〜14時25分C1・14時58分〜16時35分登山口

Map
2.5万図　「遊楽部岳」・「左股」・「後志日進」

Member
洋ちゃん・こざる・gan

太櫓川《ふとろがわ》北北西面沢から遊楽部岳《ゆうらっぷだけ》・旧山頂1275・5m

北側に聳《そび》える狩場山《かりばやま》と共に、泰然自若に構える遊楽部岳の山容は、道南の主的存在だ。

登山道があるが、距離が長いため休日でも登山者は少ない。羆の生息地であるため、その形跡もあちこちに見られる。

太櫓川、臼別川、見市川の源を発する。

三本の川はどれも当たり外れがない程面白いが、太櫓川からを除いて途中一泊を要する。

旧山頂の南西に1277mの新山頂がある。

習性

八月七日に同ルートを単独で遡行するつもりだったが、490から入る右沢に間違って入ってしまい、結局は登頂できなかった。再度の挑戦を秋に選んだ。

九日は二時間歩いて途中の沢でキャンプだから、午前中は空いていた。今金町奥美利河温泉の丸山に登る。樹齢百年以上もあるようなブナ林に囲まれた登山道を、四十五分で駆け上がる。晴れた山頂からは昆布岳や長万部岳、噴火湾が一望だ。温泉から

今金のコンビニで昼食の準備をする

流木を集めて夜の大宴会に備える

の沢を詰めたら丸山から北の稜線に上がれるなあ、と地図を見ながら即席のルートができる。身に染みた沢屋の習性は、一生治りそうもない。

今金町のセイコーマートで酒の調達と荷造りをするついでに、駐車場でラーメンを作り昼食を摂る。遊楽部岳山頂には雲がかかるが、今日は何も問題はない。

遊楽部岳登山口の入山届には、二日前に羆がいたと書き込みがある。登山道には入らず、林道をそのまま歩いてすぐに、未消化のどんぐり混じりの糞が道の真中にある。五十分歩いて林道どん詰まりから入渓する。ザックの重さもあって慎重に渡渉を繰り返す。右岸から7、80mはあろうかという直瀑が入り込むと予定のテン場は近い。

490の右沢には、まだ意味不明のピンクテープが付いていて、早速外す。釣り人でも付けたのだろうか。右岸左岸とテン場の適地を探すが、

天国

その気になれば幾らでもある。程なく右岸に最適な場所が見つかる。沢に降り易く焚き火も盛大にできそうだ。ブナの林に囲まれて、左岸は20mの崖になる。これ以上のロケーションは過去の沢キャンプでも記憶にない。おまけにこの時季は蚊もいないから快適この上ない。

まずは安着祝いとビールを空ける。さして汗はかいていなくても喉越しが堪らない。テン場を整地しテントとタープを張り終えると、次は焚き火に備えて流木集めだ。前日の雨で多少湿っぽい。倒木のブナも仲間に加える。私はうちわ片手に火付けに精出す。しっかりしたおきを作るまでは目が離せない。そう言えば子供の頃から薪ストーブを焚くのが好きだった。自称、料理教室の優秀な生徒だという**こざる**が、つみれ汁

太櫓川北西面沢～遊楽部岳旧山頂

作りに包丁を握る。**洋ちゃん**は釣り竿を持って下流に消える。

菊水ふなぐちの三缶目に手が付く頃には周囲が夜の帳《とばり》に包まれる。燃え盛る生木に近い流木から汁がほとばしる。岩魚の塩焼きには食べる前から唾液がたまる。お金で買えない贅沢な夜に三人三様の時が流れる。呑み過ぎた三人の会話が少しずつかみ合わなくなるのが可笑しい。

早々に寝入った私が二時に起きると、空一面に星が散らばる。今日の行程をあれこれ考えていると眠れないまま四時を迎える。

まだ暗い中、つみれ汁の残りにソーメンを入れて朝食を済ます。アタックザックに荷を詰めて、何とか歩き出せるようになった五時半に、テン場を離れる。当初は５１０二股から左を取り北北東面沢から登頂し、北北西面沢から下降の予定だった。北北西面沢から旧山頂に上がり、下りは新山頂からの北西面沢ルートに変更したのには訳があった。

トラウマ

数年前日高は千呂露川の二岐沢を初めて下降した時に、ザイルをしまう暇がなかった程の困難にぶつかった。怪我をした仲間を助けようとの一心で必死だったが、以来登りはともかく下りの沢には慎重になっていた。

十分で５１０二股に着き、右を取る。黒い影がすばしっこく沢床を横切る。初めての遡行に気持の高ぶりを押さえられない。

核心部がすぐに始まる。三つの釜を持つ三段の滝は日高のヌビナイ川の七つ釜には敵《かな》わないが、その荘厳さには目を見張る。群青色の釜が何とも私には悩ましい。小滝

両岸が狭まり深山幽谷の雰囲気になる

小滝が次々現れる

朝早いから濡れないように脇を登る

振り返れば山麓は紅葉真っ盛りだ

中滝が次々と現れるが、625の20mが最大の難所だ。手前に釜持ちの小滝がある。二人を待たせて左岸を微妙にへつって上がると、次の大滝の直登は難しい。右寄りを中段まで登るが、確保がないから慎重に慎重にと言い聞かせながら、トラバース気味に滝上に出る。

二人は小滝手前から左岸を大きく高巻いて来る。650の15mの滝は左に流れがあって、正面は苔が生えた涸れ滝となる。手掛かりはあるが高さがあるから、水際から上がった私が涸れ滝下にザイルを出す。両岸が狭まり、薄暗い渓谷が怪しい雰囲気に満ちている。700二股を右に進むと750二股はすぐだ。

錦　絵

新山頂へ詰める水量の多い右を取らずに左を取る。小滝が幾つも現れてみるみる内に高度を稼ぐ。5、6mの滝が出てきてちょっと手強い。身軽な**こざる**の足場をフォローして先行してもらい、野郎二人がザイルに頼る。1000までは難しくはないが、滑もあって気が抜けない。

振り返れば遊楽部岳山麓に、一面の錦絵が広がっている。臼別頭から下の鮮やかな黄色の帯が一層目立つ。何度も言葉にできないため息を付く。やっぱり沢は秋が最高の贅沢だなあ、としみじみ思う。

山頂付近には雲がかかっている。源頭付近で水を汲むと、以後涸れ二股が二箇所出てくるがいずれも左を取る。地図上では水線が早めに消えて藪漕ぎが気になるが、かろうじて沢形が1200まで続き苦労はない。

幅30mの開けた最後の詰めを右寄りに行けば、遂に藪に突入する。曲がりくねっ

最後は藪漕ぎが待っている

た潅木も混じり、十五分もがいた末に山頂まで三分の夏道に出る。露払い役だった私の上半身はぐしょぐしょだ。

理知的

曇りだが風がないのが有難かった。まだ九時過ぎで、誰もいない山頂は静かなものだ。早速ラーメン作りに取りかかる。腹が減っていようがいまいが関係ない。イオンのラーメンは安い上に味が良いので最近はこればかりだが、具がないとやはり寂しい。乾燥ワカメは軽くて安くて重宝する。ラーメン作りは二人に任せて、私は上半身の着替えを急ぐ。

熱々のラーメンが冷えた体を胃袋から温める。もの足りない私は納豆を食べるが、知らない人には山で納豆を食べるのは奇異に映るらしい。

納豆と言えばすぐ「理知的」が思い浮かぶ。いつだったか南日高のトヨニ岳への稜線上で、納豆を食べていた私とマラソン仲間のチョコボールを見て、その時は見知らぬＨＹＭＬの仲間だったＭさんが理知的な顔だったとメールに書き込んだ。チョコボールが理知的な筈はないと決め付けた私は、以来納豆を食べる時に限って、理知的な顔を意識せざるを得ないのだ。

下りの時間を登りプラス一時間と見たからゆっくりはできない。一時間弱で旧山頂を後にすると、新山頂からの下りの登山道で二人連れの登山者とすれ違う。１２００付近から適当に右下の沢筋に向かって藪を漕ぐ。

星の数

７５０の二股までは初めての沢下降になる。地図で見ても結構な急勾配だから覚悟はしていた。思った通り両岸は狭く、先に何が待っているのか楽しみでもあり怖くもあった。２ｍの滝でも手掛かりがなく時間がかかる。先に降りた私が手で足場を作り、こざるを降ろす。この夏から沢を始めた洋ちゃんは難なく降りて、全く手がかからない初級者だ。

右岸から高巻く滝が出てくると、その先920で20ｍの大滝と更に一段の滝がある。オイオイ、この沢なら登るのも結構大変だな、と三人で顔を見合わす。左岸から大きく高巻き、途中からザイルを三本繋いで一段下の滝下まで降りる。750に辿り着くまで緊張感は続いていた。

更に二回の懸垂下降を入れて、山頂から四時間二十分でテン場に着く。750からも初めての下りだったら気持ちの余裕がなかっただろう。『山谷』には下りは勧められないと書いてある。確かに誰にでもは無理な沢だ。天国だったテン場に別れを告げる。次に来るのは北北東面沢をやる時だろうが、それまで元気でいられるのかなあ、と年寄り染みた思いに駆られる。やり残している沢はまだまだ多い。

星の数ほど沢がある。いや、沢の数ほど星がある、か。

おまけ

日帰りをするにはもったいない沢だ。510二股手前で是非キャンプをお勧めするが、下りをどうするかで計画が変わってくる。難易度としては中級レベルと考えたい。

臼別温泉横の林道入口

Data
2005・7・18◉3時8分臼別温泉～
4時20分C130入渓～11時7分前岳～13時4分
遊楽部岳旧山頂14時26分～17時20分登山口

Map
2.5万図　「貝取澗」・「遊楽部岳」・「左股」・
「後志日進」

Member
gan

臼別川《うすべつがわ》から遊楽部岳《ゆうらっぷだけ》１２７７ｍ

シングル使用

仕事が終わってからニセコへ車を走らせる。山仲間のｉｚｕｍｉｄａさんの山荘で、僅か二、三時間の仮眠を取る。まだ深夜に近い大成町宮野の臼別温泉に着いた時、数台の車とテントで駐車場は埋まっていた。中の一つで、いつも一緒に登っている栗さん達が眠っている。彼らは一六、一七日でこのルートを一泊でやり、下山して泊まっていた。熟睡しているのを起こすのも憚《はばか》られて、行って来るよ、と心の中で別れを告げる。

真っ暗な中を、一人トボトボと羆避けの雄叫びを上げながら林道を進む。ヘッドライトが頼りないから足元が良く見えない。障害物を探るようにゆっくりと足を運ぶ。三十分歩いて橋を渡るが、ここからの入渓が正解だったのは後からわかる。林道を更に歩いた先は藪になり、適当に沢へ向けて藪を下る。なかなかの急勾配で木々も少ないから、懸垂下降二回で沢身に降り立つ。

持参したザイルは２０ｍ一本と数ｍの補助ザイル。ダブル使用では足りずシングル使用のために、回収の準備で出だしから時間を食う。やっと周囲も少しだけ明るさを増す。

『山　谷』

当初は私も沢中泊まりの予定だったが仕事が入った。ならばと日帰りを試みるが、初めての長い沢を単独で、というには少々の勇気が必要だ。

地図の等高線を見る限りでは深い谷間の遡行が続く。高巻き一つでも気を抜けないの

夏道登山口
北檜山町
北檜山町
登り返しも何回かあるので、
下りも辛く長い歩きが続く
臼別岳
どちらの二股も左右の
水量は変わらない
260 二股
310 二股
中級レベルの滝が続く
610 二股
480 二股
750 二股
遊楽部岳
(見市岳)
旧山頂
新山頂
テント場
この辺りに最大の
難所の滝がある
前岳
この間の夏道は廃道状態。
一時間半は見ておきたい
太櫓川

臼別川～遊楽部岳

国道から車で10分。
昔は旅館が1軒あって、
よく泊まったものだ
臼別温泉
P
ここから沢を下った
方が楽だ
220二股
この間だけでも歩く
価値は十分ある
臼　別　川
大　成　町
丸山
国土地理院2万5千図の70%
0　500　1000m
N

釜や小滝が断続する

は想像に難くない。ましてや天気予報は午後から小雨だから、早朝発ちは必須条件となる。

初めての沢は何があるかわからない。それが面白くて行くのだが怪我だけは絶対許されない。

『山谷』によれば山頂までは一〇時間前後かかりそうだ。この本の遡行時間は私の経験からすると、遊びの時間がほとんどない。いつもプラス一、二時間の幅を見ている。仮に十二時間かかって山頂だとして十五時着、遅くとも十九時には下山できると想定したが、ビバークに備え、簡易テントのツエルトと隠し酒は装備に欠かせない。

鳥肌

沢に降り立った瞬間に鳥肌が立った。両岸が垂直な崖となり、狭い沢床をこれ以上ない位に澄み切った清流が、美しさに満ち溢れている。玉石が映え、水は青く、その中を時折私を脅かすように黒い塊が視界を過ぎる。この先を想像するだけで心臓が破裂しそうな程の鼓動が高まる。結果から言えば１３０から２２０までの二股まででも、この沢の魅力を味わうには十分過ぎる。しかも結構手強い。過去数多ある沢経験の中でも、渓相の趣は三本の指には入るだろう。そう、面白さとも違う、趣なのだ。

１９０で小さな釜の先に小滝がある。両岸は一層狭まり、その先に何があるのかわからない。釜は青紫色の水をたたえ、どう見ても深さは身長以上はありそうだ。右岸左岸とも簡単には高巻けそうにない。

朝早い曇り空の下では、なるべくなら全身は濡れたくはないが、意を決してザック

美しい沢だが、決して易しい沢ではない

の腰ベルトを外して釜に入って行く。左岸寄りの深みに入り、平泳ぎで滝下に取り付こうとする。浅い手掛かりはあるが足場がない。一旦戻り再び泳ぐが、結局諦めざるを得なかった。この間五、六分は寒中水泳していたのかもしれない。端から見ればいい年をした中年オヤジが釜に遊ばれていたんだわ。

工　夫　暫く震えが止まらない。シャツを脱いで水を絞る。右岸の途中まで上がり、倒木を利用して支点を取り懸垂をする。再びザイルをシングル使用するが、より摩擦を上げるためにATC（制動具）の中で一回ねじると効果があった。

再び釜のある滝に出合う。ここは左岸から上がり、再びザイルの世話で滝上に降りる。いやはやこんなエキサイトする沢だとは思わなかった。

220二股から260二股までは比較的平坦な河原歩きだ。260を右に入り、すぐ先に釜持ちの5mの滝だがこれも簡単には高巻けない。倒木が右岸から釜の中に倒れているのを利用する。ぬるぬるの丸太を跨ぐが、体を引き上げるのに苦労する。J字状の引っ掛

310 二股のテン場

けを持っているのを思い出し、丸太の先に引っ掛けてやっとこさテラスに取り付く。すぐ先にも５ｍの滝が出てきて左岸寄りを直登する。

異名

３１０二股に着くと、出合いの奥に前々日の栗さんパーティのテン場跡と焚き火の名残を発見する。ドンちゃん騒ぎが目に浮かぶ。ビール大王の異名を取る栗さんが一人で一四本のビールを担いだと後から知ったが、異名に恥じない活躍振りに開いた口が塞がらないとはこのことだ。

話は本筋から外れるが、栗さんのビール好きはＨＹＭＬの中では一・二を争う。始めはただの大酒呑みかと思ったが、下界では毎晩一〇時迄は固く禁酒をしているというから、相当意志が強い。その理由が奮《ふる》っている。夕方から呑みだしたら、幾らビールがあっても足りないそうだ。

まあ、しかし、沢中キャンプで酒が足りないこと位悲しいことはない。同じ酒呑みの心情に思いが重なる。なかなかあずましい佇まいに、日帰りで来たことが悔やまれる。

勘頼り

３１０を左に進み十分も行くと右岸にもいいテン場が見つかる。４２０で左から枝沢が入るが、１０ｍはありそうな見事な滝だ。この辺りから倒木が目立ち、極ありふれた沢になる。４８０、６１０二股はどちらも水量は変わらない。残り僅かなブリッジ状の雪渓が現れて、下を恐る恐る通過する。落ちたらコンクリートみたいなものだから、ただでは済まない。

７５０手前に水量の余り変わらない二股が出てきた。７５０がここなら左を進むが、どうも様子がおかしい。左はガレの下から伏流気味に流れ出る。読図では微かな窪みが見えるが、さてどうしようかと暫し歩みが止まる。GPSを持たない私は最後は勘に頼るしかない。一旦右を取り、左へ戻り、再度右を進むと、すぐ先でしっかりした750の二股に出合う。

750から先は10mクラスの滝が続き、再び興奮に満ちた遡行が始まる。一つ目は左岸から上がれるが、次がこの沢最大の難所だろうか。樋状の幅1、2m程度の滝だが水流が速く、手掛かりが確認できない。行けそうにも見えるが万一行き詰まったら戻るのは命懸けだ。単独故にそこまでの無茶はできない。右岸は到底歯が立たない。かと言って左岸からも簡単ではない。

亀

一旦30m程戻り、バイルを泥壁に突き刺しながら木に取り付く。更に疎林を繋いで20m沢から上がり、トラバースするが気が抜けない。滝上に出たのを確認してから、10m程の斜面を手で草付きを押さえ付けながら、慎重に沢床に降りる。その後も小滝や滑が続く。僅か3mの滝に手間取り、時間と体力を消耗するが、全ては自らの意思が招いたことだ。

歩き出してからは七時間近い。とにかく日帰りの目処が付く前岳までは、大休止はお預けだ。足運びが徐々に兎から亀になっているのを自覚する。

920の分岐は左を取ると前岳の北東コル付近へ上がるし、右を取ると前岳山頂付近へ行く筈だ。遊楽部岳へ行くのなら当然左を取るべきだが、二度目の前岳山頂を踏みたくて右を取る。暫く沢筋が続くが、最後は読図の通り、しっかり二十分の藪漕ぎで前岳山頂左5mに飛び出す。このルートの隠れたもう一つの核心部は実はここから

右から慎重に登るが重たいザックに疲労が増す

先行者からザイルをもらって滝を登る

だった。

想定外

時折小雨が混じり、ガスがかかって視界はほとんど利かなかった。

もう七、八年前にもなるだろうか、熊石の平田内温泉奥から白水岳に上がり遊楽部岳まで縦走して山頂一泊、翌日は冷水岳経由でぐるっと一周した。

当時でも登山道は結構荒れてはいたが、年月の流れは私の想像を遥かに越えていた。前岳から歩き出してすぐに道を失う。十分程適当に下るが不安が先立ち、左に見える稜線に上がる。そこから稜線を下るが確信を持つには至らない。疲れた体に鞭打って、一旦山頂に戻ることを決心する。

前岳山頂に戻った時に幸運にも雲の切れ間から遊楽部岳が一瞬顔を出し、稜線を確認する。再び細心の注意を払って踏み跡を辿る。確かに踏み跡らしいものはあるにはあったが、これを縦走路とはとても表現できない程笹が被る。何十回も立ち止まっては笹下に屈んで、かろうじて想定できる跡に分け入る。

羆の生息地でもある白水岳から遊楽部岳間は滅多に登山者も入らない。今後ここが整備されない限りは、ベテランでもなければ縦走するのは無理だろう。目と鼻の先に見えた遊楽部岳まで二時間近くもかかるとは、想定外のことだった。

一目散

臼別温泉を歩き出してから十時間を要した遊楽部岳山頂に、誰も居ないことは想定内だ。雲の間から薄日も差して来て、前岳山頂が何事もなかったように聳え立つ。

腹ペコなのを思い出し、おにぎりを頬張るがねっとりとした食感に、泣く泣く諦めざるを得ない。前日の朝握ったものだが、季節からすれば当然か。行動食のかりん糖とチーズでエネルギーを補充する。

帰りの夏道の長いことは既に二回経験している。数回の登り返しがあるおまけ付きだ。数多のブヨに追い立てられるように山頂を後にする。臼別頭で少し休んだ以外は、二、三回立ち止まっただけで脱兎の如く下り続ける。背中のザックが一層肩に食い込む。流石に下半身の疲労は頂点に達しているが、気力で足を運んでいる。

三時間もかからず登山口に着いた時、一瞬その現実を疑った。目の前に愛車のカローラが停まっている。車の鍵を無くすのが怖くて、いつも決まった場所に隠して置く。それを知っている仲間が気を利かせて配送してくれた。予定ではヒッチハイクで戻り国道から温泉まではジョグするつもりだった。

臼別温泉への林道入り口にジョギングシューズを隠していたのを仲間は知らない。戻ったついでに温泉で疲れを癒す。日帰りにしては充実し過ぎた臼別川は過去数多《あまた》ある遡行の中でも余りにも強烈な印象を残した。

おまけ

相当な体力があり、日照時間が長い時であれば日帰りもできない訳ではないが、かなりの覚悟が必要だ。３１０かその先で泊まるのがお勧めだ。重装備だと入渓地点から四、五時間はみておきたい。レベルとしては中級者向きのルートだ。下流域の美しさは道内でも有数のものと思う。

トムラウシ川西沢《がわにしざわ》からトムラウシ山《やま》２１４１ｍ

Data
2004・9・6◉5時50分C890西沢出合い〜
13時15分トムラウシ山頂14時〜
18時新得ルート短縮登山口

Map
2.5万図　「トムラウシ山」・「五色ヶ原」・
「トムラウシ川」・「オプタテシケ山」

Member
山ちゃん・栗さん・こざる・gan

かつては遥かなる山と呼ばれたトムラウシ山もトムラウシ温泉からの新得ルートができて、日帰りも可能な山となった。

沢からは様々なルートを使うことができるが、どれも一度は遡行したい価値あるものだ。

トムラウシ西沢からの日帰りは、体力的には相当きつい。

源頭から見上げるトムラウシ山麓の紅葉は、絵の具を一面ぶちまけたようだ。

常宿

トムラウシ山へ沢からというと、あの有名なクワゥンナイ川からがすぐ思い浮かぶ。過去三回私も遡行している。滝の瀬十三丁は確かに美しく、晴れている時なら、光を乱反射する滑滝は遡行者の心を魅了する。今回はその山頂へ、トムラウシ川支流の西沢から計画する。

金曜日夜に札幌を出発し、深夜に清水町の剣小屋に投宿する。真夜中というのに熱心な信者が祈祷《きとう》を行っている。一年に数回はお世話になっているこの小屋は、十勝側からの日高や東大雪の登山時の定宿みたいなものだ。困った時だけの神頼み、の私に泊まる資格があるのかどうか議論の余地は全くない。

トムラウシ山
適当に山腹を左上して東のピークに出てしまった
この分岐はちょっとわかりづらい。まっすぐ行くと早く夏道に出合う
涸れ滝が多いが、なかなか手強い
前トムラウシ山
新得町
トムラウシ川
新しくついた夏道だが、登り返しが堪える
入渓してすぐにのっぺりした滝があり、見事だ
890 西沢出合い
短縮登山口には立派なバイオトイレ有り
トムラウシ温泉
トムラウシ自然休養林
国土地理院2万5千図の60%
0
500
1000m
N
トムラウシ川西沢〜トムラウシ山

入渓して直ぐにこんな絶景が続く

垂直な涸れ滝を登る

シュラフに入るが眠れない。ウトウトしている内に携帯電話の目覚ましが機能する。三時に小屋を出ると数え切れない数多の星が、今にも降りかからんばかりに輝いている。

序　章

下山に備えてトムラウシ温泉から十五分の短縮登山口に車一台をデポし、更に三十分林道を走ってC890の西沢出合いに着く。地図と地形をしっかり見比べていなければ見逃してしまいそうな程、見た目は小さい沢だ。入渓地点角には、駐車するには丁度よい空き地があって助かる。

五時五十分に入渓して程なく、幅も高さも10mののっぺりとした滝が出てくる。そこから先の延々200mにも及ぶ滑には、思わず全員が驚嘆の声を上げる。出だしからこれでは先が思いやられるなあ、とは嬉しい悩みだ。想像した通りそれは序章に過ぎなかった。

960二股を右に取るといきなり15mの滝が現れる。さて何処から登ればいいのかルート探しに時間を要する。右の泥壁を途中まで行った**栗さん**が、往生して戻って来る。ではと**山ちゃん**が中央寄りを果敢にアタックして、最後は滝口にある木にシュリンゲを引っ掛けて滝上に出る。

苔の洞門

1030で三方を岩壁に囲まれたどん詰まりの正面は、高さ10mはあるだろうか。何とそこには壁の下二箇所から水が噴出している。初めて見る光景に自然の造形美、不思議さを感じずにはいられない。

右からの大高巻きで何とか通過するが、バイルがなければ相当苦労するだろう。1040からはいきなり伏流になる。そこから続く涸れ沢は、支笏湖畔にある苔の洞門

澄んだ水の色は群を抜いている

を思い起こさせるほどの神秘に満ちた美しさだ。しかも次々と出合う涸れ滝は、高さも１０ｍから１５ｍはあり、一つとして楽をさせてはくれない。

１１７０の３０ｍ、１３００の１０ｍの滝は、いずれも左から高巻いて乗り切った。１３５０で２０ｍに出合う。ここも直登はできない。先行する**山ちゃん**のバイルが刺さらない。下で見守る三人は、ハラハラするしかなすすべはない。苦労の末に上がり切り、ザイルを垂らす。いやはや、こんなエキサイティングな沢だとは想像を越えている。

１４００の１０ｍは垂直に近い。**栗さん**が慎重に左寄りに登り切り、滝上に出てここでもザイルを出す。１４６０で最後の難関を迎える。

特　筆　１０ｍ程の滝だが、ここも垂直に近い涸れ滝となる。右寄りに私が先行し、三名は下で待機している。手掛かりはあるが、確保があるのとないのとでは、気の持ちようが全く違う。下を見るとぞっとする。何とか上がった私から今度はザイルを出す。正にパーティの総合力を発揮した滝越えの連

10 m 以上はある涸れ滝だから気を抜けない

続だった。

水は出ては消え、消えては流れを繰り返す。その水の透明感は特筆に値する。汚れを知らぬ清流には水清くして魚棲まずだ。源頭近くになると紅葉の袴を履いたトムラウシ山の雄姿が目に入る。有体な表現だが絶景以外の言葉が見つからない。

当初の計画では源頭から左寄りに進み、１７５５付近でトムラウシ温泉からの夏道に合流するはずだった。１５２０分岐を１５４０分岐と間違えて右に入る。途中で違うルートなのはわかったが、戻るのも億劫になり、そのまま山頂への直登を試みる。途中から山腹を左に巻いて隣の沢に移る。幸い大した藪漕ぎもなく、最後の急登に差し掛かる。赤、黄、緑が混じり合う斜面から振り返れば、彼方にニペソツ山や石狩岳、ウペペサンケの麗しい姿が見える。見とれているとさっぱり距離が稼げない。

寡《か》黙《もく》

少しずつ**こざる**が遅れ出す。大休止を取っていないから余程の体力がないと疲れが出るのは自然なことだ。まだ高度差で300mはあるから、小一時間はかかりそうだ。翌日は全道一斉山のトイレデーで美瑛富士避難小屋周辺の清掃登山が控えている。**こざる**の荷物を三人で分け合う。

沢形の消えた山腹を左上してピークに立ったと思ったら、山頂を挟んで東側のピークだ。数名の登山者が山頂にいたが、すぐに視界から消える。お鉢状の窪地に一旦40m下りて登り返すと、寡黙な山頂が待っている。

トムラウシ山頂に立つのは、記憶が正しければ十回目になるだろうか。三回はクワゥンナイ川から、一度はユニ石狩岳から十勝岳まで縦走した時に、残り五回はトムラウシ川の地獄谷をベースキャンプに色々な沢を遡行して上がった。沢自体の面白さでは西沢がダントツなのは疑う余地がないが、読図の面白さは地獄谷ルートに軍配が上がる。

欠席裁判

雲が少しずつ張り出して来たが、大雪周辺の山並みをしっかり瞼に焼き付ける。カレーラーメンは最近の山頂での定番だ。即席カレーの欠片を一、二個ラーメンの中に放り込むだけの手抜きだが、カレー好きにはこれでもう十分だ。果たして他の三名がそこまで好きかどうかは確かめていない。

疲労困憊《こんぱい》の**こざる**が無口になって落ち込んでいる。女性としては体力がかなりある

沢も山頂からの眺めにも大満足する

方だが、他の三人が異常なだけだと慰めにならない言葉を掛ける。
トムラウシ温泉の短縮登山口までのルートを歩くのは初めてだ。従来のこまどり沢に沿った道は通行止めになり、新ルートになって時間も距離も長くなる。一番きつかったのは150mもある登り返しだ。

車の回収があり、**山ちゃん**、**栗さん**に先行してもらう。私と**こざる**が登山口に着いたのは夕暮れ近い六時だった。帰途の運転を二人に任せることに決めたのは欠席裁判のよいところだ。ガスを取り出しお湯をわかす。ホットウイスキーで早速安着祝いを始める。ペットボトルに入れてきたのはオールドだ。学生時代の私には高根の花のウイスキーだった。二杯目を呑み終わろうかという時に、薄暮の中にライトが見えた。私と**こざる**はもうかなり出来上がりつつあった。この時間から仲間が待っている白金キャンプ場まで行くには遅すぎた。連泊するべく再び剣小屋へと車を走らせる。アルコールのせいもあったのか、西沢の余韻を引きずった私は幸福感に包まれていた。

おまけ

過去歩いたルートの中でもベスト一〇には入るだろう。日帰りでやるのなら、山頂まで行かずに源頭から1755付近の夏道へ抜けて下山してもいい。沢だけでも決して後悔はしない。体力があれば初級者でも行けるが、確保する場面が多く出てくるので、時間には余裕を見ておきたい。

Data
2005・9・3～4◉3日7時40分岩尾別温泉イワウベツ川～C540盤ノ川～15時50分三ツ峰コル
4日5時40分～6時55分羅臼岳～12時10分岩尾別温泉

Map
2.5万図　「知床五湖」・「硫黄山」・「羅臼」

Member
廣川さん・太刀川さん・gan

イワウベツ川《がわ》・盤《ばん》ノ《の》川《がわ》から羅臼岳《らうすだけ》１６６１ｍ

知床半島を代表する羅臼岳は、夏に多くの登山者で賑わう。羅臼岳から硫黄山までの稜線に上がる沢は多く、原始性溢れるその姿は、沢屋には魅力的過ぎる。盤ノ川からは三ツ峰のコルへ上がるが、一日で羅臼岳へ上がり下山するのは大変だ。三ツ峰のコルか羅臼平でのキャンプが良いだろうが、ゴミやトイレの後始末は必ずお願いしたい。

流しソーメン

『山のトイレを考える会』主催の２００５年全道一斉山のトイレデーは九月四日だ。羅臼平がトイレ紙で汚れているのが気になって、以前から清掃に行きたいと思っていたから丁度よい機会だった。ＨＹＭＬの**太刀川さん**と**廣川さん**を誘い、深夜の札幌から遠軽経由で車を飛ばす。

岩尾別温泉には登山客と観光客の車が溢れ、道路ギリギリに停める。曇り空だが気温はまずまずだ。露天風呂の脇を通りイワウベツ川に入ると、しっとりした渓相にこの先が楽しみでならない。苔生した沢は小川に近く、小滝も適当に越えていく。緑の苔に青々しい清流を見ていると、重いザックも軽く感じる。

長さ３、４０ｍの樋《とい》状の流れの後に１５ｍのハングの滝は右から高巻く。５２０付

流しソーメンが出来そうなイワウベツ川の流れ

イワウベツ川の苔の美しさも際立っている

盤ノ川も滑が続いて飽きることがない

近には驚くことに幅50cm長さ150mの樋状の流れがあって、しかも途中で直角に曲がってから更にまた直角に曲がる。大工さんがのみで彫った水路のようだ。長い年月をかけた造形にはただ息をのむばかりだ。流しソーメンには良さそうだが、流れが速いのですくい上げるのは不可能に近い。今後この沢を行く方には、450から盤ノ川に乗っ越さずに、是非とも520付近までの遡行を勧めたい。

遭　遇

550付近から適当に右岸を上がり、隣の盤ノ川に向けて支尾根を越える。鹿道が縦横に発達していて楽な藪漕ぎだ。十五分で盤ノ川の沢床540に立つ。水量はイワウベツ川の三倍程か。600にかけてスラブ状の一枚岩が続き、嬉しい悲鳴を上げながらの遡行が続く。二段の釜持ちの小滝は横をへつって行く。

朝から先行の集団に気付いていた。挨拶をした途端にあれまあ、HYMLの仲間でN山岳会のみなちゃんや雄助さんじゃありませんか。日帰りで今日中に下山するという一団を追い越して、655で30m三段の滝に出合う。右から枝沢が入り込み、岩盤が黄色い不思議なところだ。その枝沢から上がり高巻くと、最後の滝は上から見ると絹の簾が垂れ下がる。７００、８３０にも１０~１５ｍの滝があり、いずれも左から高巻くが一部トラバースに慎重を要する。

コントラスト

８４０から苔生した岩が点在し、一段と趣のある遡行が味わえる。彼方に縦走路のある稜線が確認できる。サシルイ岳の西にある峰の下には赤い岩肌か土壁か目印替わりに幾筋か見え、這松帯とのコントラストが鮮やかだ。

９５０のどん詰まりでいきなり源頭になり、以後伏流となるから２ℓの水が加わりザックが重い。１２５０までは一部潅木で煩《うるさ》いが明瞭な沢形が残り、ルートで迷うところは無い。１２５０は左を取ればサシルイ岳の西峰に上がるが右を取る。ここで微かな水が染み出すが取水出来る程ではない。最後は僅か五分の這松漕ぎで三ツ峰~サシルイ岳の縦走路に飛び出る。十分で三ツ峰コルのキャンプ地に着く。水場は既に涸れていた。

変身

黙っていると震えがくるほどの寒さだ。テントを設営してからビールで安着祝いだが、寒さに関係なく喉越しは堪らない。後続の一団がなかなか来ない。仲間がいるだけに気掛かりで、しょっちゅう目線をテントの外に転じる。我々よりも二時間遅れて着いた彼らは、大休止を取ることもなく、三ツ峰方面へ消えて行く。沢に縁のなかったみなちゃんがすっかり逞しい沢屋に変身していて、同慶の至りだ。みなちゃんに限らずＨＹＭＬに入ったのが縁で、ハイキングしか知らなかった人が、冬山や沢まで活動範囲を広げている例は数知れない。大袈裟ではなく、人生

美しいナメや滝に
時間を忘れる
この辺りから
苔が美しい
950の源頭。
ここから上は伏流に
最後は軽い藪漕ぎで
縦走路に出る
★テント泊
時期によっては水は
ないので注意
トイレ紙、ゴミは
全て持ち帰ろう
銀冷水
三ッ峰
二ッ峰
斜
里
町
羅臼平
岩清水
羅臼岳
サシルイ岳
オッカバケ岳
二ッ池
943
833
1029
1351
843
1008
1450
1319
1298
1138
1564
1136
1367
1175
1509
1066

イワウベツ川・盤ノ川～三つ峰経由羅臼岳
斜里町
岩尾別温泉
木下小屋
この辺りに流しソーメン用（？）の樋状の流れがある
適当にトラバースして乗っ越すが、鹿道があちこちに
オホーツク展望
弥三吉水
極楽平
盤ノ川
イワウベツ川
ピリカベツ川
国土地理院２万５千図の100％
0
500
1000m
N

感までもが変わった仲間の何と多いことか。

秋刀魚の蒲焼丼に舌鼓を打ちながら、熱燗が心も体も温める。

深夜に目覚めると周囲はガスと強風の中だ。シュラフカバーだけの私は度々目覚めた。夢とはいつも言葉で説明するのは難しい。何故かゴルフのキャディーをやっていたのが可笑しかった。再び熱燗を作り寝酒を煽《あお》る。寝返りの度に寒さを感じていた。

八二箇所

四時半に起床し、チーズ茶漬けの朝食を摂る。依然として天候が良くない中、五時四十分にテン場を発つ。六時五十五分、寒さに震えながら羅臼岳山頂に着くと、時折晴れ間がのぞき出す。目線の先には国後、択捉が白波の領海に浮かんでいる。

稜線までもう一息

羅臼平もきれいになりました

羅臼平に向かうと登山口を朝発った登山者とすれ違う。今回の主目的である羅臼平の清掃と美瑛富士避難小屋のトイレ設置の署名活動を、三人で手分けして始める。テン場からの踏み跡を辿ると這松の陰にあるわあるわ、八二箇所で使用済みのトイレ紙を回収する。廣川さん、太刀川さんの獅子《しし》奮迅《ふんじん》の活躍振りが嬉しい。テントのフライやビール瓶、ガスボンベまであって、ゴミを載せたザックが一段と肩に食い込む。

天候は十分過ぎる程回復している。下山しながら署名とゴミ拾いを平行するが、銀嶺水と弥三吉水周辺は特に酷いから回収に時間がかかる。最悪だったのは路のすぐ脇に湯気の上がったブツの回りに紙が散乱してあった。快く署名してくれた中の一人でないことを祈るばかりだ。

三時間かけ下山する。朝はガスに囲まれていた羅臼岳山頂が天空高く仁王立ちして、次の再会がいつかと思うと別れが辛い。沢歩きとゴミ拾いに満足しきった三人の充実感は札幌に着くまで消えることはなかった。

おまけ

技術的には難しい沢ではないから経験者がいれば初級者でも十分遡行可能だ。日帰りするのであれば早発ちして羅臼平からそのまま下山しても十分に満足できる。札幌から知床は遠いが、行くだけの価値ある沢だ。

だ・か・ら、沢屋は やめられない

幅広の滝を左から行く（珊内川本流）

趣味と言えば旅をすることだった。

学生時代アルバイトで稼いだ金で長期の休みともなれば、専らアジアや北米南米を寝袋片手に歩いていた。ナイアガラ滝の側の木の下で野宿をしたな。くそ暑いパラグアイの田舎道でのヒッチハイクは徒労に終わる。アフガニスタンの荒野で突然止まったバスから降りた乗客が、メッカに向かって朝の祈りを始めるその横で、我慢しきれず立ち小便をした私めがけて石が飛んできた。放浪ばかりの四年間だった。そんな私だったから、こんなに山に沢にのめり込むなどとは想像すらしていなかった。

週末は予定の方面が雨だとわかると、好天を求めて行き先を変更するのはいつものことだ。山岳会に所属していない気楽さ故だが、人に勧める積もりは毛頭ない。

日高や芦別岳では滑落も経験し、それなりに怪我もしている。幸い大事には至っていないが、これからも安全登山は至上命題だと思っている。

既に低下しつつある体力や反射神経とのギャップに、ジレンマに陥るのも目に見えている。それとどうやって付き合って行くかが今後の私の課題だろうか。

本州や海外の沢にも魅力は十分感じている。しかし仮に後二十年沢を続けられたとしても、北海道のいや、日高の沢すら到底登り尽くすことはできない。宝の山のこの大地だけで私には手が余る。

ここで過去遡行した沢の中であえて私の印象的な一〇本とその理由を選んでみる。

- 珊内川本流から珊内岳（ワイルドさと漁火の夜景）
- ヌビナイ川右股川からソエマツ岳（七ツ釜と緊張するトラバース）
- 松倉川からアヤメ湿原（ナメと苔と小滝の連続する美しい沢）
- コイボクシュメナシュンベツ川から楽古岳（あの高度感が堪らない）
- 豊似川左股川からトヨニ岳（程々に難しい滝と荒涼たる渓谷美）
- ニオベツ川南面直登沢から野塚岳（次々と滝を越える面白さ）
- 額平川北カール直登沢から幌尻岳（カールに出た瞬間の雄大さ）
- 太櫓川北北西面沢から遊楽部岳旧山頂（沢でのキャンプは最高の贅沢）
- 臼別川から遊楽部岳（趣きある渓相美は一見の値あり）
- トムラウシ川西沢からトムラウシ山（透明な清流、中級レベルの涸れ滝）

ところで昨今の中高年を主とした登山ブームは健康増進のためにも実に喜ばしいものと思う。が一方では日本百名山ブームもあってか、少数の山に多くの登山者が集中し、様々な弊害が起きている。中でも山のトイレ問題は深刻で水質や土壌汚染、紙の放置による美観上の問題も無視できない。

微力ながら同志と共に『山のトイレを考える会』を立ち上げ、様々な活動をし

美瑛富士避難小屋周辺の清掃をした『山のトイレを考える会』会員と協力してくれたHYMLの仲間達。142のトイレ紙と51盛のウンコを回収

トヨニ岳の荒涼たる沢

増水気味の沢をへつる（パンケメワンナイ川）

ているが、山への一極集中を緩和することが切に望まれる。
山登りの考え方や登山スタイルは本来百人百様であろう。
登山者一人ひとりがそれぞれの価値ある百名山を見つけてほしい、と思う。

この度の出版に当たり、写真提供と沢の同行、また編集のアドバイスをいただいたＨＹＭＬの仲間には、この場を借りて厚くお礼申し上げます。共同文化社の長江さんをはじめ、制作に携わってくださった皆様のご尽力で、本書が世に出されたことには感謝の言葉がありません。ニオベツ川から十勝岳をご一緒した静子さんのご冥福を合わせてお祈り致します。
尚、本書を読んでの感想などをお寄せいただければ幸いです。

二〇〇六年初夏　週末の天気予報を気にかけながら

岩村和彦

写真協力（敬称略・順不同）　高坂道雄・藤本悦子・栗城幸二・山内忠・太刀川賢治・廣川明男・瀬川恒広・角田洋一・三浦淳一・長谷川雄助・前道俊一・上井博・西田弘
表紙揮毫　長谷川薫子（白老山岳会・会員）

過去の沢遡行一覧

■日高

楽古岳　コイボクシュメナシュンベツ川本流・コイボクシュメナシュンベツ川南面沢

十勝岳　ニオベツ川上二股沢北西面直登右股沢・同左股沢・コイボクシュメナシュンベツ川南東面直登沢・同東コル沢・楽古川北東面沢Ｂ沢・同Ａ沢下降

オムシャヌプリ　ニオベツ川上二股沢東コル沢・同南西面直登沢・野塚川北面沢

野塚岳　ニオベツ川西コル沢・同南面直登沢・同南コル沢・豊似川三の沢西コル沢・野塚川南コル沢

一二二〇m峰　ニオベツ川５８０右沢

トヨニ岳　豊似川右股川北峰直登沢・同左股川南峰直登沢

ソエマツ岳　ヌビナイ川右股川直登沢

ピリカヌプリ　ヌビナイ川右股川北面沢下降

十勝幌尻岳　札内川ピカペタヌ沢8の沢

カムイエクウチカウシ山　札内川8の沢・9の沢下降

エサオマントッタベツ岳　トッタベツ川エサオマントッタベツ沢・新冠川下降

札内岳　エサオマントッタベツ川ガケの沢・ピリカペタヌ沢下降

幌尻岳　額平川北カール直登沢・新冠川七つ沼直登沢

戸蔦別岳　トッタベツ川9の沢下降

北戸蔦別岳　千呂露川二岐沢三の沢北カール直登沢

１８５６m峰　千呂露川二岐沢三の沢直登沢

ピパイロ岳　千呂露川西面沢

１８５７峰　千呂露川８１０右股

１９６７峰　千呂露川二岐沢下降

チロロ岳　千呂露川三俣右沢・パンケヌーシ川5の

沢右股・同曲がり沢・同二の沢下降・千呂露川三俣左沢下降

一七九〇m峰　千呂露川一〇一四左沢

1373峰　千呂露川三俣南面沢・パンケヌーシ川東コル沢下降

ペンケヌーシ岳　パンケヌーシ川6の沢コル直登沢

雲知来内岳　パンケヌーシ川北東面沢・千呂露川雲知来内沢下降

芽室岳　パンケヌーシ沢川南面沢

ルベシベ山　パンケヌーシ川5の沢・北面沢下降

1347峰　沙流川ニセクシュマナイ沢南面沢・沙流川東面沢下降

道北・道東・大雪

三ツ峰・羅臼岳　イワウベツ川・盤ノ川

羅臼湖　知西別川

武利岳　ニセイチャロマップ川

天塩岳　渚滑川一の沢

ニセイカウシュッペ山　ニセイノシキオマップ沢

石狩岳　石狩沢・ペテドク沢下降

トムラウシ山　トムラウシ川西沢・同ワセダ沢・同ヒサゴ沢・クワゥンナイ川

五色岳　トムラウシ川五色沢・スゲ沼沢

札幌・ニセコ・暑寒周辺

幾春別岳　幾春別川左股沢567左沢・同右沢下降

万計沼　湯の沢川・同360入渓675右股

札幌岳　豊平川蝦蟇沢

漁岳　漁川本流・豊平川漁入沢

狭薄山　豊平川狭薄沢

無意根山　白水川

余市岳　白井川左股沢・白井川本流

神威岳　木挽沢

樺戸山塊　札的沢一の沢左股・同右股・同三の沢右股・同左股・同本流下降・同6の沢下降

美唄山　美唄川下股沢

浜益岳　幌小川

暑寒別岳　ポンショカンベツ川

積丹岳　伊佐内川

余別岳　幌内府川

珊内岳　珊内川本流・スサノ沢下降

白老岳　長流川三階滝川西面沢・同西コル直登沢・長流川二の沢川

ホロホロ山　長流川徳舜瞥沢・長流川コノエオサレベツ川

風不死岳　大沢　楓沢（旧二の沢下降）

室蘭岳　裏沢左股沢・滝沢C380右沢

カムイヌプリ　滝沢西コル沢・滝沢270左沢

群別岳　群別川本流・同南西面沢下降

知来岳　滝の沢川C500右南西面沢・同C900コル直登沢下降

奥徳富岳　群別川本流C760右西面沢

夕張岳　白金川

春香山　銀嶺沢

ホロホロ湿原　毛敷生川

星置川

発寒川

黄金沢

道南

黒松内岳　黒松内川重滝沢・同南面沢・同南面右沢

目国内岳　パンケメクンナイ川

大平山　泊川直登沢

狩場山　千走川本流・千走川南東面沢

遊楽部岳　臼別川・見市川・太櫓川旧山頂北北西面直登沢・同新山頂北西面沢下降

遊楽部山塊臼別頭北1200m峰　太櫓川490右沢・同北西面沢下降

袴腰岳　赤井川

松倉川　アヤメ湿原直登沢・460右沢540左沢

メップ岳　利別目名川・同目名一の沢下降

下降のみ使用も含む（二〇〇六年六月末現在）

感動感激！充実した一日の遡行に満足感いっぱいの gan さん（珊内岳山頂にて）

gan さんってどんな人？

本名 岩村和彦

1955 年北海道豊浦町生まれ、白老町育ち。

学生時代は南米・北米・アジアを放浪し、30 代になってからは年に一度自転車でアジア各国を旅する。フルマラソン 2 時間 55 分 52 秒、100 km マラソン 8 時間 41 分 26 秒の自己ベストを持つ。北海道マラソンは第 2 回大会から 18 年連続完走中だが、そろそろ関門にかかる可能性が大きい。

5 月から 10 月までは沢登りをし、冬は下手な山スキーで頂を目指す。

トヨニ岳、野塚岳、十勝岳、楽古岳周辺の南日高が殊に好きで年に何度も通い続ける。

北海道の山メーリングリスト（HYML）は創設時から会員。山のトイレを考える会副代表を務め山の環境問題を、山の道を考える会事務局長として登山道の整備にも力を注ぐ。私的山岳集団「千呂露の会」主宰。大学生 3 人の教育費に悩み、札幌駅の回転寿司『はなまる』でゲソ揚げを肴に北の勝を呑みながら日経新聞の連載「愛の流刑地」にニヤ付く、ただのサラリーマン。献血回数 304、生涯 500 回が目標。

〒004-0073 札幌市厚別区厚別北 3 - 5 -26-18
電話＆FAX 011-892-2090
メールアドレス
kunsuko@cameo.plala.or.jp

ganさんが遡行《ゆく》 北海道の沢登り

二〇〇六年七月六日　初版第一刷発行

著　者　岩村　和彦
発行所　共同文化社
〒〇六〇-〇〇三三
札幌市中央区北三条東五丁目五番地
電話〇一一－二五一－八〇七八
http://www.iword.co.jp/kyodobunkasha
印　刷　株式会社アイワード

※「本書に掲載している地図は、国土地理院長の承認を得て同院発行の2万5千分の1地形図を使用したものである。（承認番号）平18道使　第6号」

ISBN4-87739-131-2　C0075